모험을 떠나는　　　에게,

응원의 메시지를 남겨 주세요

(　　　　　　　)

From.

제로부터 시작하는 이 세계 일문법

오오기 히토시 지음

제로부터 시작하는 이세계 일문법
Learn Japanese Grammar through Anime Lines

초판 발행 · 2025년 12월 8일

지은이 · 오오기 히토시(扇 仁志)
발행인 · 이종원
발행처 · (주)도서출판 길벗
브랜드 · 길벗이지톡
출판사 등록일 · 1990년 12월 24일
주소 · 서울시 마포구 월드컵로 10길 56 (서교동)
대표 전화 · 02)332-0931 | **팩스** · 02)323-0586
홈페이지 · www.gilbut.co.kr · **이메일** · eztok@gilbut.co.kr

기획 및 책임 편집 · 김대훈, 박정현(bonbon@gilbut.co.kr) | **디자인** · 강은경 | **제작** · 이준호, 손일순, 이진혁
영업마케팅 · 차명환, 장봉석, 최소영 | **유통혁신** · 한준희 | **영업관리** · 김명자, 심선숙 | **독자지원** · 윤정아
교정교열 · 윤보라, 이경숙 | **전산편집** · 조영라 | **녹음 및 편집** · 와이알미디어 | **일러스트** | SOTCHAN
CTP 출력 및 인쇄 · 금강인쇄 | **제본** · 경문제책

- 길벗이지톡은 (주)도서출판 길벗의 성인어학서 출판 브랜드입니다.
- 이 책은 저작권법의 보호를 받는 저작물로 이 책에 실린 모든 내용, 디자인, 이미지, 편집 구성은 허락 없이
  복제하거나 다른 매체에 옮겨 실을 수 없습니다.
- 인공지능(AI) 기술 또는 시스템을 훈련하기 위해 이 책의 전체 내용은 물론 일부 문장도 사용하는 것을 금지합니다.
- 잘못 만든 책은 구입한 서점에서 바꿔 드립니다.

ⓒ Ogi Hitoshi, 2025

ISBN 979-11-407-1658-6(03730)
(길벗 도서번호 301208)
정가 17,000원

독자의 1초를 아껴주는 정성 길벗출판사

(주)도서출판 길벗 | IT단행본, 성인어학, 교과서, 수험서, 경제경영, 교양, 자녀교육, 취미실용 www.gilbut.co.kr
길벗스쿨 | 국어학습, 수학학습, 주니어어학, 어린이단행본, 학습단행본 www.gilbutschool.co.kr

유튜브 · @GILBUTEZTOK | 인스타그램 gilbut_eztok | 네이버포스트 gilbuteztok

 **머리말**

애니로 일본어를 공부하세요!

애니로 일본어를 공부할 수 있을까?

여러분은 애니를 좋아하나요? 저는 정말 좋아해요. 틈만 나면 애니를 보고 좋아하는 애니 극장판이 나오면 보러 다니고 굿즈도 삽니다. 흔히 말하는 오타쿠이고, 웹툰 회사에서 일하는 '성덕'이기도 합니다. 이런 저에게 일본어를 공부하는 분들이 종종 묻습니다.

"애니로 일본어를 공부할 수 있어요?"

결론적으로 말하자면 저는 할 수 있다고 생각해요. 그렇지만…

애니로 일본어를 공부하지 마세요.

방송에서 제가 애니로 일본어를 공부하지 말라고 한 적이 있어요. 그렇게 말한 가장 큰 이유는 말투 때문이었어요. 애니는 일상에서 쓰기엔 과장된 표현이나 나레이션도 많아서 말투가 이상해지기 쉬워요. 특히 일상과 동떨어진 마법이나 능력 관련 표현도 많고, 소년 말투나 캐릭터 특유의 말투를 써요.

일본어 초보인 학생이 그대로 따라 하다가 말투적으로도 잘못된 습관이 생기면 나중에 고치기 정말 힘들어서 애니로 공부하지 말라고 이야기했던 거죠.

그런데 애니로 일본어를 공부하고 싶잖아요?

그래서 이 책을 만들었어요.

곰곰이 생각해 보면 일본어 공부를 할 때 애니가 정말 좋은 소재가 될 수 있더라구요. 애니는 1화가 30분이 안 되는데 그 안에 스토리의 재미와 성우의 연기력, 장면 연출 등이 농축되어 있죠. 그래서 쉽게 몰입할 수 있고, 보고 나면 기분도 좋아져요. 듣기 훈련에도 훌륭한 소재고, 좋아하는 만큼 단어도 외워져요. 이건 애니를 좋아하는 사람만이 가지는 특권 같은 거죠.

이제 OTT 서비스가 흔해지면서 마음만 먹으면 하루종일 애니를 볼 수 있게 되었고요. 이렇게 좋은 언어 소재가 일상에 떨어져 있는데 그냥 지나치면 아깝잖아요.

애니 속 일본어와 실제 일본어는 다르지만, 일본어는 일본어예요. 일상과 괴리가 있다면 좁혀면 되죠. 그런 생각으로 이 책을 만들었어요. 애니 대사 속에서 문법을 배우고, 그 문법을 일상 예문으로 연습해 보세요.

애니로 일본어를 공부하고 싶다면?

이 책은 애니를 좋아하는 분들을 위한 일본어 문법 가이드북입니다. 문법은 일상에서 가장 많이 쓰는 JLPT N5에서 N3를 기반으로 구성되어 있고, 예문은 제가 일본에서 많이 듣고 쓰는 것으로 직접 선정했어요.

이 책과 함께라면 여러분은 애니 속 일본어를 단순히 감상하는데 그치지 않고, 실제로 말하고 쓸 수 있는 힘을 기를 수 있습니다. 일본어라는 최종 보스를 쓰러뜨리러 가는 용사가 되었다고 생각하고, 하나씩 차근차근 공부했으면 좋겠어요.

그리고 용사도 가끔은 쉬어야죠. 쉬어가기 부분에서는 제가 생각하는 마인드적인 부분을 풀어봤어요. 언어를 공부한다는 건 긴 여정이에요. 특히 초반엔 그만두고 싶을 때도 생기죠. 그럴 때 잠깐 제 글을 읽고 힐링도 받고 열정도 받아갔으면 좋겠어요.

이야기가 길었네요. 제가 좋아하는 「유희왕」이라는 애니에서 이런 말이 나와요.

「俺のターン！」
(내 턴이다!)

이제 여러분의 차례가 왔어요.
지금까지 쌓은 애니 베이스로 일본어 기초 문법을 마스터하세요.

모험을 떠날 준비 되셨죠?
재밌고 유익한 일본어 공부를 응원해요!

오오기 히토시

 **미니 문법**

자, 모험을 시작하기 전에 잠깐만요!

이 세계의 '언어 마법'을 다루려면, 먼저 기본 마법을 알아야 해요. 일본어에 있어, 주문의 핵심은 동사입니다. 기본 활용 형태인 ます형, ない형, て형, た형을 알고 가면 어떤 문장도 자유자재로 다룰 수 있답니다.

문장의 심장을 깨우는 동사!

일본어 동사는 움직임과 감정을 나타내는 문장의 중심이에요. 동사는 특징에 따라 1그룹, 2그룹, 3그룹으로 나눕니다. 그룹에 따라 주문(문법)을 이어 붙이는 방식이 달라지므로, 꼭 그룹별로 구분하는 방법을 익히고 가세요!

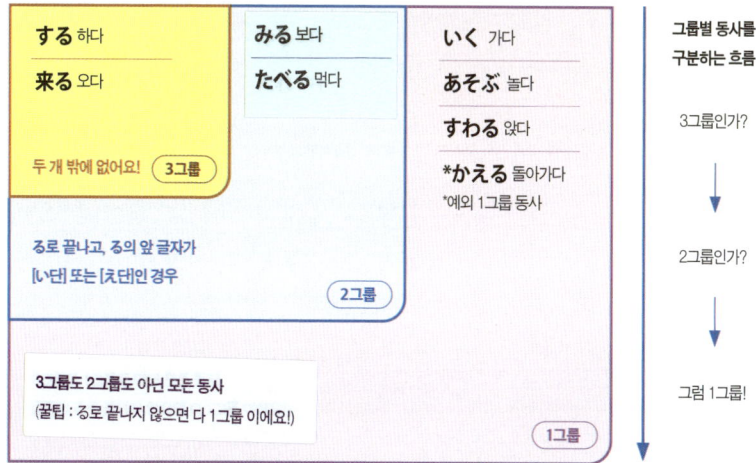

* かえる(돌아가다)처럼 형태는 2그룹이지만 예외적으로 1그룹인 동사를 '예외 1그룹 동사'라고 해요. 아래의 표는 자주 쓰는 예외 1그룹 동사들입니다.

切(き)る	走(はし)る	要(い)る	入(はい)る
자르다	달리다	필요하다	들어가다

정중함을 소환하는 주문, 「ます형」

문장 마지막에 등장하면서 <정중한 마무리>를 담당해요. 기본적으로는 '~합니다'라는 뜻이지만, '내일 가겠습니다.'처럼 '~하겠습니다'라는 미래를 나타내기도 합니다. 부정형은 「~ません」(~지 않습니다)입니다.

> **3그룹**
> - する → します
> - 来(く)る → 来(き)ます

> **2그룹**
> - 마지막 글자인 る를 빼고 ます를 붙여요!

> **1그룹**
> - 마지막 글자를 [i] 발음으로 바꾸고 ます를 붙여요!

퀴즈 다음 동사가 몇 그룹인지 표시하고, ます형으로 바꿔보세요!

① いく 가다 → ____그룹, _____ます
② たべる 먹다 → ____그룹, _____ます
③ くる 오다 → ____그룹, ____ます
④ べんきょうする 공부하다 → ____그룹, _____ます
⑤ みる 보다 → ____그룹, ____ます

|정답| ① 1, いき ② 2, たべ ③ 3, き ④ 3, べんきょうし ⑤ 2, み

행동을 잠재우는 금지 주문, 「ない」형

<부정>을 담당해요. 동사 뒤에 「な」가 꼭 등장하는 게 특징이고, '안~', '~지 않다'라는 의미에요. 부정이 담긴 다양한 문형에서 등장하기 때문에 꼭 기억해 주세요!

3그룹
- する → しない
- 来(く)る → 来(こ)ない

2그룹
- 마지막 글자인 る를 빼고 ない를 붙여요!

1그룹
- 마지막 글자를 [a] 발음으로 바꾸고 ない를 붙여요!
- *마지막 글자가 う인 1그룹 동사는 ~あない가 아니라 ~わない로 바뀝니다.

퀴즈 다음 동사가 몇 그룹인지 표시하고, ない형으로 바꿔보세요!

① くる 오다 → ____그룹, ____ない

② かう 사다 → ____그룹, _____ない

③ おわる 끝나다 → ____그룹, _____ない

④ おきる 일어나다 → ____그룹, _____ない

⑤ さんかする 참가하다 → ____그룹, _____ない

| 정답 | ① 3, こない ② 1, かわない ③ 1, おわらない ④ 2, おきない ⑤ 3, さんかしない

문장과 문장을 이어주는 연결 주문, 「て형」

문장 중간에 나오면서 <연결>을 담당해요. 동사 뒤에 「て」가 꼭 등장하는 게 특징이고, '~고', '~아', '~어서'라는 뜻이에요. 이 주문을 마스터하면 '밥 먹고 카페 가서 커피시키고 공부하고…'처럼 말을 계속 이을 수 있게 돼요. 특히 1그룹 동사를 중심으로 잘 기억해 보세요!

3그룹
- する → して
- 来る → 来(き)て

2그룹
- 마지막 글자인 る를 빼고 て를 붙여요!

1그룹
마지막 글자 → 이렇게 바꿔요!
- う/つ/る → って
- ぬ/ぶ/む → んで
- す → して
- く → いて
- ぐ → いで

* (예외) いく(가다)는 いて가 아니라 いって로 바뀝니다.

퀴즈 다음 동사가 몇 그룹인지 표시하고, て형으로 바꿔보세요!

① すわる 앉다 → ____그룹, _____て
② のむ 마시다 → ____그룹, _____で
③ ねる 자다 → ____그룹, ____て
④ そうじする 청소하다 → ____그룹, _____て
⑤ かえる 돌아가다 → ____그룹, _____て

정답 | ① 1그룹, すわって ② 1그룹, のんで ③ 2그룹, ねて ④ 3그룹, そうじして ⑤ 1그룹, かえって (예외 1그룹 동사)

지난 일을 소환하는 회상 주문, 「た형」

문장 마지막에 나오면서 과거형을 담당해요. 동사 뒤에 「た」가 꼭 등장하는 게 특징이고, '~한', '~했다'라는 뜻이에요. 이 주문을 마스터하면 과거를 나타내는 문법 접속이 다 가능해지고 '어제 먹은 아이스크림'에서 '먹은' 같은 것을 표현할 수 있게 돼요! 「て형」과 같은 접속 방법이라 「て형」을 열심히 외운 분은 「て」를 「た」로 바꾸면 끝!

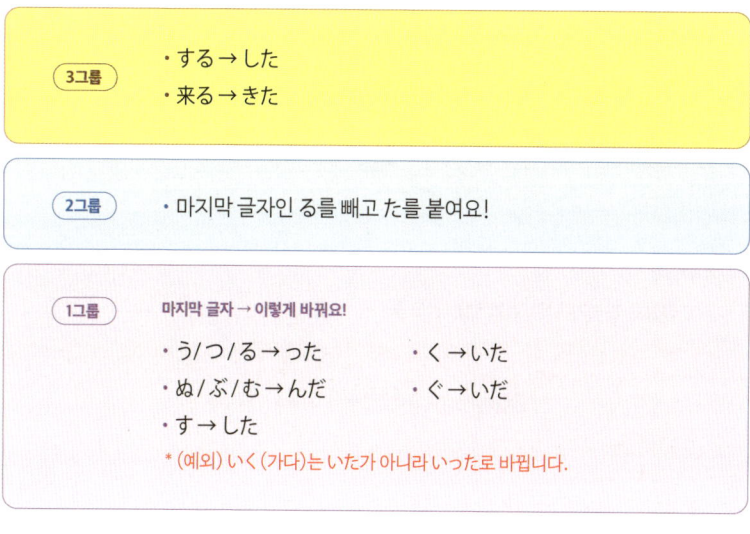

퀴즈 다음 동사가 몇 그룹인지 표시하고, た형으로 바꿔보세요!

① あそぶ 놀다 → _____그룹, _____だ

② たべる 먹다 → _____그룹, _____た

③ はいる 들어가다 → _____그룹, _____た

④ はなす 이야기하다 → _____그룹, _____た

⑤ いく 가다 → _____그룹, _____た

| 정답 | ① 1, あそんだ ② 2, たべた ③ 1, はいった ④ 1, はなした ⑤ 1, いった(예외 いく〈가다〉는 いいた가 아니라 いった로 바뀜에 예외)

 **애니 말투**

일상에서는 조심해야 하는 애니 말투

애니를 자주 보다 보면 기억에 남는 말투가 있죠? 하지만 애니 속에서는 자연스럽게 들려도 현실에서 그대로 쓰면 오히려 어색하거나 민망한 상황이 될 수도 있어요. 본격적으로 모험을 시작하기 전에, 그중 대표격인 말투 네 가지를 살펴 볼게요.

뜻

① 결심 ② 알리기(감정/정보 전달, 경고 등)

お前ら、いくぞー！ 너희들, 가자!

소년 만화에서 정말 자주 들리는 말투예요. 특히 남성 캐릭터가 힘차게 말할 때 자주 쓰이죠.

예시

① よし！やるぞ！(좋아! 해보자!)
→ 책상 앞에 앉은 주인공이 공부를 시작할 때 혼잣말. 혼잣말로 할 때는 실생활에서도 종종 쓰는 것 같아요!

② 早くしねぇと先帰るぞ。(빨리 안 하면 먼저 집에 간다.)
→ 부활동이 끝나고 남성 캐릭터가 친구나 후배같은 가까운 사람에게 말하는 느낌. 알려준다는 뜻의 말투인「よ」대신 쓰인다고 볼 수 있어요. 착한 모범생 캐릭터보다 거친 캐릭터에게 어울려요!

뜻

① 감정의 고조 ② 경고나 주의 ③ 명언

頼んだぜ、相棒! 부탁한다, 내 동료!!

주로 친한 남성 캐릭터들끼리 쓰는 말투로, 소년 만화나 댄디한 캐릭터에게 잘 어울립니다. 특히 멋부리거나 오글거리는 대사에 자주 등장하죠.

예시

① つ…ついに……ゲットしたぜ! (드..드디어…얻었다!)
   → 감정의 고조됨을 표현할 때 혼잣말.

② 危ねぇぜ、お嬢さん。(위험하잖아, 아가씨.)
   → 댄디하게 등장한 캐릭터가 차분하게 말하는 느낌이에요.

③ これが勝負ってもんだぜ。(이게 바로 승부라는 거지.)
   → 명언엔 **ぜ**가 많은데요, 멋있는 말을 누군가에게 알려주는 뉘앙스가 있기 때문이에요.

わ

뜻

① 결심 ② 소감

あなた、気(き)に入(い)ったわ! 당신, 맘에 들었어!

주로 여성 캐릭터가 쓰는 말투로, 애니에서는 귀족이나 우아한 사모님 캐릭터가 자주 사용합니다. 품격과 자신감을 드러내는 동시에 차분한 이미지를 주죠. 애니에서는 젊은 사람이 쓰는 걸 볼 수 있지만, 실제로는 거의 안 써요.

예시

① **これいただくわ。**(이거 살게요.)
→ 백화점에서 귀부인이 옷을 구입하겠다고 말할 때의 느낌.

② **ん〜おいしいわね!**(음~ 맛있네!)
→ 다 같이 모인 자리에서 케이크를 먹고 한 마디할 때.
「〜わね」는 혼잣말보다 다른 사람과 소감을 공유할 때 사용해요.

③ **いくわよ。**(가볼게.)
→ 액션 애니에서 전투나 모험 직전 결의에 찬 여성 캐릭터가 하는 말.
「〜わよ」는 여성다운 강함을 나타내는 어투에요.

かしら

뜻

① 자신에게 묻는 말 ② 타인에게 묻는 말

よかったらこれ、いかがかしら。 괜찮으면 이거, 어떠려나?

주로 여성 캐릭터가 '~일까?' 하고 의문이나 추측을 표현할 때 사용하는 말투예요. 젊은 사람보다는 상냥한 아주머니 말투예요. 다만 애니에서는 강한 여성 캐릭터나 귀족 캐릭터가 자주 쓰는 말투이기도 해요. 다른 사람한테 물어보는 것뿐만 아니라, 혼잣말처럼 사용될 때도 있다는 점에 주의하세요!

예시

① **いつのレシートかしら。** (이 영수증 언제 거지?)
  → 혼잣말을 하는 어머님 느낌. 아따맘마 어머님이 이 말투를 정말 자주 씁니다.
  どこ(어디), **なに**(무엇), **いつ**(언제) 같은 단어와 함께 사용할 때가 많아요!

② **どう？私に似合うかしら。** (어때? 저한테 어울릴까요?)
  → 여성 캐릭터가 멋있는 주인공 앞에서 수줍어하면서 물어볼 때 사용하는 뉘앙스예요. 현대 일본에서는 일상적으로 거의 안 쓰는 말투여서, 문법적으로는 틀린 문장이 아니지만, 일상에서는 이렇게 말하면 주변 사람들이 이상하게 느낄 거예요.

목차

머리말 003 미니 문법 005 애니 말투 010

제1화 결심하는 자는 강하다 | 결심과 욕망 관련 표현

- **01** 僕が戦います！(~하겠습니다 / 〜ます) — 022
- **02** もっと強くなりたい！(~하고 싶다 / 〜たい) — 024
- **03** この剣にします！(~로 하다 / 〜にする) — 026
- **04** 魔王を倒すために…！(~을 위해서 / 〜ために) — 028
- **05** これは約束だから…。(~니까, ~라서 / 〜から) — 030
- **06** 無事に帰ってくるので…(~니까, ~라서 / 〜ので) — 032

My story 나는 목표의 깃발을 어디에 꽂아야 할까? — 034

제2화 계획은 철저히 세우는 편!? | 일정, 계획 관련 표현

- **07** 出発する前に腹ごしらえだ！(~하기 전에 / 〜前に) — 036
- **08** 魔王を倒すつもりです。(~할 생각이다 / 〜つもりだ) — 038
- **09** 明日は王都に向かう予定だ。(~할 예정이다 / 〜予定だ) — 040
- **10** 次の街で少し休もう。(~하자, ~해야지 / 〜(よ)う) — 042
- **11** 決着をつけようと思う。(~할 생각이다 / 〜(よ)うと思う) — 044
- **12** しばらくここで過ごすことにするか。(~하기로 하다 / 〜ことにする) — 046

My story 계획의 지도만 그리고 있진 않은가요? — 048

| 제3화 | **실천하는 자가 강하다!** | 시도와 실패 관련 표현 |

13	試してみるか。(~해 보다 / ～てみる)	050
14	歩み始めた俺たち─(~하기 시작하다 / ～始める)	052
15	無理しすぎるなよ。(지나치게 ~하다, 너무 ~하다 / ～すぎる)	054
16	はぁ…やってしまった。(~해 버리다, ~하고 말다 / ～てしまう)	056
17	ごめん、燃やしちゃった…。(~해 버리다, ~하고 말다 / ～ちゃう)	058
18	この剣、振りやすいな。(~하기 쉽다, ~하기 편하다 / ～やすい)	060
19	すごく言いにくいんだが…(~하기 어렵다, ~하기 힘들다 / ～にくい)	062

My story 옆길에 떨어져 있는 재미의 보석 064

| 제4화 | **일본어 공부는 식후경** | 행동과 결과 관련 표현 |

20	飯を食ってから出発だ!(~하고 나서 / ～てから)	066
21	全てクリアした後で─(~한 후에 / ～た後で)	068
22	修理したり、料理作ったり…忙しいぜ!(~하거나 ~하거나 하다 / ～たり～たりする)	070
23	準備しておいたよ!(~해 두다, ~해 놓다 / ～ておく)	072
24	この洞窟には何かが眠っている。(~하고 있다 / ～ている)	074
25	危険って書いてあるんだが…(~되어 있다, 누군가 ~해 놨다 / ～てある)	076

My story 스스로 열심히 만드는 커다란 벽 078

제5화　그 정보는 확실한가 | 소문, 가능성 관련 문법

26　この先には、古代の遺跡があるそうだ。(~라고 한다 / ~そうだ)　080
27　この森には魔物が出るらしい。(~대, ~래 / ~らしい)　082
28　あいつめっちゃ強そうだな。(곧 ~할 것 같다, ~해 보인다 / ~そうだ)　084
29　どうやら罠だらけみたいだ。(~인 것 같다 / ~인가 보다 / ~みたいだ / ようだ)　086
30　きっと役に立つと思う。(~라고 생각한다 / ~と思う)　088
31　ここに秘密があるかもしれない。(~일지도 모른다, ~일 수도 있다 / ~かもしれない)　090

My story　언어를 공부하면 받을 수 있는 최고의 선물　092

제6화　갑자기 나타난 아군…? | 주고 받기 관련 표현

32　特別にヒントをあげるわ。(주다・받다 / あげる・くれる / もらう)　094
33　教えてあげたんだから当然でしょ。((남을 위해) ~해 주다 / ~てあげる)　096
34　それ、早く言ってくれる？((나를 위해) ~해 주다 / ~てくれる)　098
35　そろそろ白状してもらおうか。(~해 주다 / ~てもらう)　100
36　君のおかげだな。(~덕분 / ~おかげ)　102
37　全部俺のせいだ…。(~탓 / ~せい)　104

My story　당신을 더 돋보이게 하는 디테일의 힘　106

제7화 의무감의 저주에 걸린 이유 | 의무와 ん표현

- **38** 指示に従わなければなりません。(~해야 한다 / ~なければならない) — 108
- **39** やらないといけない理由がある。(~해야 한다 / ~ないといけない) — 110
- **40** まずはここを抜けださなくちゃ。(~해야 해 / ~なくちゃ(いけない)) — 112
- **41** 早く伝えなきゃ…！(~해야 해 / ~なきゃ(いけない)) — 114
- **42** 本当にやるんですか(~인 거예요? / ~んですか？) — 116
- **43** 絶対クリアしなきゃいけないんです！(~거든요 / ~んです) — 118
- **44** 最初はそう思ってたんだがな…(~인데요 / ~んですけど) — 120

My story 공부하다 만나는 나만의 별똥별 — 122

제8화 동료의 조언이 필요할 때 | 조언, 질문 관련 문법

- **45** やるかどうかは…お前ら次第だ。(~인지 아닌지 / ~かどうか) — 124
- **46** 俺についてきてほしい。(~해 줬으면 한다 / ~てほしい) — 126
- **47** 傷ついたこと、僕にもあるさ。(~한 적이 있다 / ~たことある) — 128
- **48** 逃げてもいい。立ち止まってもいい。(~해도 된다 / ~てもいい) — 130
- **49** 少しは休んだほうがいいぜ、隊長。(~하는 게 좋다 / ~たほうがいい) — 132
- **50** あいつのことは気にしないほうがいいぞ。(~안 하는 게 좋다 / ~ないほうがいい) — 134

My story AI가 내 언어 실력을 키워 줄까? — 136

제9화 나를 조정하는 마왕 | 명령형/사역형/수동형

- 51 俺について来い。(~해 / ～しろ, ～して)　138
- 52 油断するなよ。(~하지 마 / ～な)　140
- 53 私の魔法で眠りなさい。(~하세요, ~해라 / ～なさい)　142
- 54 気絶させる魔法だと!?(~시키다 / ～(さ)せる)　144
- 55 ダメだ、操られてる…(~당하다 / ～(ら)れる)　146
- 56 あいつに手足を動かされてるんだ。((강제로)~당하다 / ～(さ)せられる)　148

My story 스스로 결정한 선택은 무엇보다 강하다　150

제10화 주인공은 레벨업한다 | 가능형, 변화 관련 표현

- 57 もっと強くなるために—(~해지다, ~가 되다 / ～くなる / ～になる)　152
- 58 勝つにはこれしかない。(~밖에 없다 / ～しかない)　154
- 59 扱うことができる魔法—(~할 수 있다 / ～ことができる)　156
- 60 俺にも魔法が使えるだと!?(~할 수 있다 / ～(ら)れる)　158
- 61 ついに使えるようになった!(~하게 되다 / ～ようになる)　160

My story 성장은 갑자기 찾아온다　162

제11화 힘을 얻고 싶다면…! | 조건, 가정 관련 표현

- 62 もし僕にもっと力があったら… ((만약) ~하면, ~라면 / ~たら) — 164
- 63 この杖を使えばきっと大丈夫。(~하면, ~ば) — 166
- 64 俺が負けると終わりなんだ… (~하면, ~하자, ~하니 / ~と) — 168
- 65 君ならできると信じてる。(~하면, ~라면 / ~なら) — 170
- 66 必ず…助けてください！(~해 주세요 / ~てください) — 172
- 67 私のこと忘れないでくださいね。(~하지 마세요 / ~ないでください) — 174

My story 피곤함을 핑계로 하지 않고 오늘도 한다 — 176

제12화 존경하는 스승을 만나다 | 높임말 표현

- 68 胸に刻む師匠のお言葉―(미화어 / お) — 178
- 69 師匠はご機嫌斜め。(미화어 / ご) — 180
- 70 私の必殺技をお見せします。(내가 ~하다 / お/ご~する) — 182
- 71 これが師匠の使われる技。(~하시다 / ~(ら)れる) — 184
- 72 その技、使わせていただきます！(제가 ~하다 / ~させていただく) — 186

My story 커피가 나의 필살기 — 188

제13화 꾸준함의 보석을 찾아서 | 시간의 흐름 관련 표현

- **73** 守り続ける難しさ。(계속 ~하다 / 〜続ける) 190
- **74** 勝利を噛み締めながら。(~하면서 / 〜ながら) 192
- **75** 紡いできた絆の力。(~해 오다, ~하기 시작하다 / 〜てくる) 194
- **76** 繋がっていく運命。(~해 가다 / 〜ていく) 196
- **77** 今終わったところだ。(막 ~한 참이다 / 〜ところだ) 198
- **My story** 느리더라도 꾸준히 걸어가는 사람이 되세요 200

부록 주문(=문형) 찾아보기 201

일러두기

- 이 책은 애니메이션처럼 총 13화로 구성되어 있습니다. 각 화마다 짧은 이야기를 따라가듯 문법을 배우며, 일본어의 흐름을 즐길 수 있도록 구성했습니다.
- 이 책에서는 일본어 문장에도 학습자의 이해와 리듬감을 위해 물음표(?)를 사용했습니다. 실제 일본어 문장에는 물음표가 없지만, 질문 문장을 직관적으로 구분하고 자연스럽게 읽을 수 있도록 적용했습니다.
- 책 앞날개에 본문 전체를 녹음한 음원을 들을 수 있는 QR 코드가 있습니다. 네이티브 성우의 음원과 함께, 더욱 재미있게 도서를 즐겨 보세요.

제 1화

결심하는 자는 강하다

결심과 욕망 관련 표현

| 01 | 僕が戦います！
제가 싸우겠습니다！

| 02 | もっと強くなりたい！
더 강해지고 싶어!

| 03 | この剣にします！
이 검으로 할게요!

| 04 | 魔王を倒すために…！
마왕을 쓰러뜨리기 위해서…!

| 05 | これは約束だから…
이건 약속이니까…

| 06 | 無事に帰ってくるので…
무사히 돌아올 테니까…

| My story |
나는 목표의 깃발을 어디에 꽂아야 할까

01 〜ます (〜하겠습니다)

僕(ぼく)が戦(たたか)います！

제가 싸우겠습니다!

강한 마왕과 싸우겠다고 결심하는 장면에서 쓰이는 대사입니다. 주로 공적인 상황이나 상대에게 예의를 갖추어 말할 때 사용되지만, 이런 식으로 '무언가를 하겠다!'라는 의지를 표현할 때도 쓸 수 있어요.

애니 속 그 말, 이렇게 만든다!

3그룹
する와 来る 단 2개

連絡(れんらく)する → 連絡(れんらく)します
연락하다 → 연락하겠습니다

来(く)る → 来(き)ます
오다 → 오겠습니다

통째로 외우기!

2그룹
끝이 る이고 る 앞 글자가 い단/え단

降(お)りる → 降(お)ります
내리다 → 내리겠습니다

変(か)える → 変(か)えます
바꾸다 → 바꾸겠습니다

る를 ます로 바꾸기!

1그룹
3그룹도 2그룹도 아닌 동사

行(い)く → 行(い)きます
가다 → 가겠습니다

끝 글자를 い단으로 바꾸고 + ます 붙이기!

현실에선 이렇게 말한다!

(3그룹)

また連絡(れんらく)します。
또 연락할게요.

ごちそうさまでした。また来(き)ます!
잘 먹었습니다. 또 오겠습니다!

(2그룹)

すみません、ここで降(お)ります!
저기요, 여기서 내릴게요!

やっぱりこれに変(か)えます!
역시 이걸로 바꿀게요!

(1그룹)

コンビニに寄(よ)ってから行(い)きます。
편의점에 들렀다 갈게요.

POINT!
애니를 보면 '나'를 지칭하는 말이 많이 나오죠? 그래서 한 번 정리할게요!
私(わたし) : 남녀 모두 사용하는 '나/저'. 여성이 주로 많이 사용하지만 격식 있는 말투로 사용할 때는 남성도 자주 써요. 특히 초면일 때는 私(わたし)를 쓰는 게 좋아요.
私(わたくし) : 아주 공손한 '나'. 귀족이나 왕족에 어울리는 말투예요.
일상에서는 비즈니스 상황에서 완전 격식 있게 말할 때 사용하지만 거의 사용 안 해요.
あたし : 여성이 쓰는 '나'. 젊은 여성이 친구 사이에서 자주 사용해요. 특히 활발한 캐릭터한테 어울리는 말투예요. 학교물 애니에서 자주 들리지만 일상에서는 わたし를 쓰는 게 무난할 수 있어요.
僕(ぼく) : 남성이 쓰는 '나/저'. 착한 느낌이 들어 어린 소년이나 학생, 순한 캐릭터 말투예요.
또한 처음 보는 사이나 윗사람한테 쓰는 정중한 말투이기도 해서 일상에서 자주 써요.
俺(おれ) : 남성이 쓰는 '나'. 거친 느낌이 들어 주로 친한 친구나 후배한테 자주 사용해요.
다만 친구 사이여도 착하고 순한 캐릭터면 俺(おれ)보다 僕(ぼく)를 쓰는 경우가 많아요.

단어 Check!

- □ 僕(ぼく) 나(남성)
- □ 連絡(れんらく) 연락
- □ やっぱり 역시
- □ コンビニ 편의점
- □ 戦(たたか)う 싸우다
- □ ここで 여기서
- □ これ 이것
- □ 寄(よ)る 들르다
- □ また 또
- □ 降(お)りる 내리다
- □ 変(か)える 바꾸다
- □ ~てから ~한 뒤에

~ます
~하겠습니다

02 〜たい (~하고 싶다)

もっと強(つよ)くなりたい!

더 강해지고 싶어!

싸움을 결심한 주인공이 약한 자신의 모습을 떠올리고 한 대사입니다. 주로 본인의 희망을 표현할 때 쓸 수 있어요.

 애니 속 그 말, 이렇게 만든다!

3그룹
する와 来る 단 2개

合格(ごうかく)する → 合格(ごうかく)したい
합격하다 　　　　　합격하고 싶다

来(く)る → 来(き)たい
오다 　　　오고 싶다 　　　　통째로 외우기!

2그룹
끝이 る이고 る 앞 글자가 い단/え단

見(み)る → 見(み)たい
보다 　　　보고 싶다

食(た)べる → 食(た)べたい
먹다 　　　먹고 싶다 　　　　る를 たい로 바꾸기!

1그룹
3그룹도 2그룹도 아닌 동사

帰(かえ)る ※예외 1그룹 동사 → 帰(かえ)りたい
돌아가다 　　　　　　　　　　돌아가고 싶다

끝 글자를 い단으로 바꾸고 たい 붙이기!

024

현실에선 이렇게 말한다!

3그룹

今回の試験、絶対合格したいです！
이번 시험, 꼭 합격하고 싶어요!

このホテル、来年もまた来たいです。
이 호텔, 내년에도 또 오고 싶어요.

~たい
- 하고 싶다

2그룹

シーズン2早く見たいです。
시즌 2 얼른 보고 싶어요.

POINT!
실제 회화에서는 한국어와 마찬가지로 조사(을/를)를 생략하고 말하는 경우가 많아요!

今日はおいしいものが食べたい気分です。
오늘은 맛있는 걸 먹고 싶은 기분이에요.

1그룹

早く家に帰りたいです。
얼른 집에 돌아 가고 싶어요.

POINT!
帰(かえ)る는 2그룹 동사 같지만, 예외 1그룹 동사이니 주의하세요!

단어 Check!

- □ もっと 더, 한층
- □ 今回(こんかい) 이번
- □ 合格(ごうかく) 합격
- □ 早(はや)く 얼른, 빨리
- □ 強(つよ)い 강하다
- □ 試験(しけん) 시험
- □ 来年(らいねん) 내년
- □ おいしいもの 맛있는 것
- □ なる 되다
- □ 絶対(ぜったい) 꼭
- □ シーズン2(ツー) 시즌 2
- □ 気分(きぶん) 기분

03 〜にする (~로 하다)

この剣(けん)にします!

이 검으로 할게요!

주인공이 여러 가지 무기 중에서 검을 선택한 장면에서 쓰이는 대사입니다. 무언가를 선택할 때 사용하는 표현으로, 여러 선택지 중에 이걸로 결정했다는 뉘앙스예요!

애니 속 그 말, 이렇게 만든다!

명사

何(なに) → 何(なに)にする
무엇 → 무엇으로 하다

ビール → ビールにする
맥주 → 맥주로 하다

梅酒(うめしゅ)のロック → 梅酒のロックにする
매실주 온더록스 → 매실주 온더록스로 하다

조사

〜とか → 〜とかにする
~ 같은 거 → ~ 같은 걸로 하다

뒤에 + にする 붙이기!

현실에선 이렇게 말한다! ※대화 형식으로 「〜にします」를 연습해 볼게요!

(명사)

飲み物は何にしますか?
음료는 뭘로 하시겠어요?

僕はとりあえずビールにします。
저는 일단 맥주로 할게요.

じゃあ、私は梅酒のロックにします!
그럼 저는 매실주 온더록스로 할게요!

POINT!
일본에서는「の」(의)를 명사와 명사 사이에 넣는 게 자연스러워요. 이 표현은 매실주를 마시는 여러 방식 중 '온더록스'를 선택했다는 느낌을 줄 수 있어요.
ⓔ アメリカーノのホット[アイス]をひとつお願(ねが)いします。
　 아메리카노 따뜻한[차가운] 걸로 하나 주세요.

食べ物は何にしますか?
요리는 뭘로 하시겠어요?

(조사)

とりあえず…からあげとかにします?
일단… 가라아게 같은 걸로 할까요?

POINT!
질문형은「か」를 붙이는 게 기본이지만 친한 사이에서 캐주얼하게 말할 때는 뺄 때도 있어요.

 **단어 Check!**

- □ この 이
- □ 飲(の)み物(もの) 마실 것
- □ じゃあ 그럼
- □ 食(た)べ物(もの) 먹을 것
- □ 剣(けん) 검
- □ とりあえず 일단, 우선
- □ 梅酒(うめしゅ) 매실주
- □ からあげ 가라아게(닭튀김)
- □ する 하다
- □ ビール 맥주
- □ ロック 온더록스(얼음 + 술)
- □ 〜とか 〜같은 것, 〜라든가

〜にする -로 하다

04 〜ために (~을 위해서 / ~하기 위해서)

魔王(まおう)を倒(たお)すために…!

마왕을 쓰러뜨리기 위해서…!

주인공이 마왕을 쓰러뜨리기 위해 뭐가 필요한지 생각하는 장면에서 쓰이는 대사입니다. 어떤 목적을 표현할 때 주로 써요! に를 생략해도 되는데, 그러면 문어체가 되면서 '~을 위해, ~하기 위해'처럼 좀 딱딱한 느낌이라 일상 회화에서는 잘 생략하지 않아요.

애니 속 그 말, 이렇게 만든다!

명사

ダイエット	→	ダイエットのために
다이어트		다이어트를 위해서

健康(けんこう)	→	健康(けんこう)のために
건강		건강을 위해서

彼氏(かれし)[彼女(かのじょ)]	→	彼氏(かれし)[彼女(かのじょ)]のために
남자 친구[여자 친구]		남자 친구[여자 친구]를 위해서

뒤에 + のために 붙이기!

동사

合格(ごうかく)する	→	合格(ごうかく)するために
합격하다		합격하기 위해서

稼(かせ)ぐ	→	稼(かせ)ぐために
(돈을) 벌다		(돈을) 벌기 위해서

뒤에 + ために 붙이기!

현실에선 이렇게 말한다!

~ために / ~을 위해서 / ~하기 위해서

(명사)

ダイエットのためにサラダを食べました。
다이어트를 위해서 샐러드를 먹었습니다.

健康のために毎日運動しています。
건강을 위해서 매일 운동하고 있어요.

彼氏[彼女]のためにプレゼントを買いました。
남자 친구[여자 친구]를 위해서 선물을 샀어요.

(동사)

合格するために一生懸命勉強しました。
합격하기 위해서 열심히 공부했어요.

お金を稼ぐために毎日働いています。
돈을 벌기 위해서 매일 일하고 있어요.

 **단어 Check!**

- 魔王(まおう) 마왕
- 倒(たお)す 쓰러뜨리다
- サラダ 샐러드
- 毎日(まいにち) 매일
- 運動(うんどう)する 운동하다
- 一生懸命(いっしょうけんめい) 열심히
- 勉強(べんきょう)する 공부하다
- お金(かね)を稼(かせ)ぐ 돈을 벌다
- 働(はたら)く 일하다, 노동하다

05 〜から (~니까, ~라서)

これは約束(やくそく)だから…。

이건 약속이니까….

주인공이 과거에 마왕을 쓰러뜨리겠다고 약속했던 순간을 떠올리는 장면에서 쓰이는 대사입니다. 이유나 원인을 나타내는 문형이지만, 단독으로 쓰면 반말 느낌이 나기 때문에 조심해서 사용해야 해요. 그리고 「~から」는 '~부터', '~에서', ' ~로', '~로부터' 등 다른 뜻도 있어서 문맥을 잘 파악하는 연습을 하면 좋아요!

애니 속 그 말, 이렇게 만든다!

| 명사 | 休(やす)み
쉬는 날 | → | 休(やす)みだから
쉬는 날이니까 | 뒤에 + だから 붙이기! |

| な형용사 | 有名(ゆうめい)だ
유명하다 | → | 有名(ゆうめい)だから
유명하니까 |

| い형용사 | ない
없다 | → | ないから
없어서 |

| 동사 | ある
있다 | → | あるから
있으니까 |
| | 疲(つか)れた
피곤하다 | → | 疲(つか)れたから
피곤해서 | 뒤에 + から 붙이기! |

현실에선 이렇게 말한다!

명사

明日(あした)休(やす)みだから、何(なに)するか迷(まよ)う。

내일 쉬는 날이라서 뭘 할지 고민돼.

な형용사

めっちゃ有名(ゆうめい)だから、行(い)ってみたい!

엄청 유명하니까 가 보고 싶어!

い형용사

今日(きょう)は何(なに)も予定(よてい)ないから、家(いえ)でごろごろする予定(よてい)!

오늘은 아무 일정도 없어서 집에서 뒹굴거릴 예정!

POINT!
「ない」는 い형용사로 취급해요!

동사

授業(じゅぎょう)まで時間(じかん)あるから、お茶(ちゃ)でもどう?

수업까지 시간 있으니까 차라도 한잔 어때?

POINT!
동사나 い형용사에 「~から」가 아니라 「~だから」를 쓰는 실수가 많으니 주의하세요!

今日(きょう)は疲(つか)れたから、もう寝(ね)るね。
おやすみ~。

오늘은 피곤해서 이제 잘게. 잘자~.

POINT!
「~から」는 주로 반말할 때 사용하니, 친구끼리 쓰는 걸 추천해요! '피곤하다'라는 뜻의 「疲(つか)れる」는 보통 과거형(疲れた/疲れました)으로 말해요. 한국어는 "피곤해요"처럼 현재형으로 말하지만, 일본어에서는 이미 피곤한 상태를 표현하기 때문이에요.

~から

~니까, ~라서

 **단어 Check!**

- □ 約束(やくそく) 약속
- □ 明日(あした) 내일
- □ 休(やす)み 쉬는 날
- □ 迷(まよ)う 헤매다, 고민되다
- □ めっちゃ 엄청(젊은 사람 말투)
- □ 予定(よてい) 예정
- □ ごろごろする 뒹굴거리다
- □ 授業(じゅぎょう) 수업
- □ お茶(ちゃ) 차(카페에 가는 것을 의미함)
- □ 疲(つか)れる 피곤하다
- □ 寝(ね)る 자다
- □ おやすみ[なさい] 잘 재요

06 〜ので (~니까, ~라서)

無事（ぶじ）に帰（かえ）ってくるので…

무사히 돌아올 테니까…

주인공이 떠나면서 소중한 사람에게 말하는 장면에서 쓰이는 대사입니다. 앞에서 배운 「〜から」보다 공손한 표현으로, 비즈니스나 공적인 상황에서도 쓸 수 있어요.

애니 속 그 말, 이렇게 만든다!

| 명사 | お店（みせ） 가게 | → | お店（みせ）なので 가게라서 |

뒤에 + なので 붙이기!

| な형용사 | 暇（ひま）だ 한가하다 | → | 暇（ひま）なので 한가해서 |

だ 빼고 + なので 붙이기!

| い형용사 | 忙（いそが）しい 바쁘다 | → | 忙（いそが）しいので 바쁘니까 |

| 동사 | ある 있다 | → | あるので 있어서 |
| | お腹（なか）が空（す）いた 배고프다 | → | お腹（なか）が空（す）いたので 배고파서 |

뒤에 + ので 붙이기!

현실에선 이렇게 말한다!

명사
ここは人気のお店なので、いつも行列です。
여기는 인기 있는 가게라서 항상 줄이 길어요.

な형용사
今日は暇なので、映画を見に行く予定です。
오늘은 한가해서 영화를 보러 갈 예정이에요.

い형용사
仕事が忙しいので、また今度にします。
일이 바쁘니 다음에 하겠습니다.

동사
今日は予定があるので、お先に失礼します。
오늘은 일정이 있어서 먼저 실례하겠습니다.

お腹が空いたので、グミを食べました。
배고파서 젤리를 먹었어요.

POINT!
일본어로 배가 고프다는 「お腹(はら)が空(す)いた」처럼 보통 과거형으로 써요. 「空(す)く」가 원래 '비다, 틈이 나다' 뜻이기 때문에 직역하면 '배가 비었다', 즉, '배가 고프다'라는 뜻이 됩니다. 애니에서는 흔히 「腹(はら)減(へ)った」처럼 「減(へ)る」(감소하다)라는 동사를 쓰는데 이건 배가 고파지면 배가 점점 줄어드는 것처럼 느껴지는 것을 표현한 말이라고 할 수 있어요.

~ので
~니까, ~라서

단어 Check!

- 無事(ぶじ)に 무사히
- 行列(ぎょうれつ) 긴 줄
- お先(さき)に 먼저(격식 있는 말)
- 帰(かえ)る 돌아가(오)다
- 仕事(しごと) 일
- 失礼(しつれい)する 실례하다(격식있는 인사말)
- 人気(にんき) 인기
- また今度(こんど) 또 다음에
- グミ 젤리(과자)

나는 목표의 깃발을 어디에 꽂아야 할까?

여러분은 일본어를 왜 공부하시나요?

일본어 공부를 시작하기 전, 모두에게 목표의 깃발이 주어집니다.

높은 산꼭대기에 깃발을 꽂으면, 그곳에 도착하기 위해 긴 시간 열심히 달려야 해요. 반면, <mark>내 발 앞 1미터에 깃발을 꽂으면, 몇 걸음만 걸어도 도착할 수 있죠.</mark>

여기서 만약 이 깃발이 하나가 아니라면 어떨까요? 내가 원하는 만큼 만들어 낼 수 있고 몇 번이고 꽂을 수 있다면요. 그렇게 생각하는 것만으로도 마음이 한결 편해지지 않나요?

1미터 간격으로 깃발을 열 번 꽂으면 그 거리는 10미터가 되잖아요?

<mark>조금만 손 뻗으면 닿을 수 있는 곳에 오늘의 깃발을 하나 꽂아 보세요.</mark> 그렇게 하루하루가 쌓이면, 어느 날 문득, 내가 꽤 먼 곳에 와 있음을 깨닫게 될 거예요.

그럼 오늘도 나만의 깃발을 꽂아 볼까요?

제 2화

계획은 철저히 세우는 편!?

일정, 계획 관련 표현

| 07 | 出発の前に腹ごしらえだ！
출발하기 전에 배부터 채우자!

| 08 | 魔王を倒すつもりです。
마왕을 쓰러뜨릴 생각이에요.

| 09 | 明日は王都に向かう予定だ。
내일은 왕도에 향할 예정이다.

| 10 | 次の街で少し休もう。
다음 마을에서 잠깐 쉬자.

| 11 | 決着をつけようと思う。
결판을 내려고 한다.

| 12 | しばらくここで過ごすことにするか。
당분간 여기서 지내기로 할까?

| My story |
계획의 지도만 그리고 있지 않은가요?

07 〜前に (~하기 전에)

出発する前に腹ごしらえだ！
출발하기 전에 배부터 채우자!

모험을 떠나기 전 주인공이 동료들에게 외치는 장면에서 쓰이는 표현입니다. 어떤 행동을 하기 전, 해야 할 일을 말할 때 자주 사용돼요.

애니 속 그 말, 이렇게 만든다!

동사

| 食べる → 食べる前に |
| 먹다 / 먹기 전에 |

| 寝る → 寝る前に |
| 자다 / 자기 전에 |

| 行く → 行く前に |
| 가다 / 가기 전에 |

| 始める → 始める前に |
| 시작하다 / 시작하기 전에 |

| 出かける → 出かける前に |
| 외출하다 / 외출하기 전에 |

뒤에 + 前(まえ)に 붙이기!

현실에선 이렇게 말한다!

(동사) ご飯を食べる前に手を洗いましょう。
밥을 먹기 전에 손을 씻읍시다.

寝る前にスマホを見ることはおすすめしません。
자기 전에 스마트폰을 보는 건 추천하지 않아요.

旅行に行く前にパスポートを確認しました。
여행을 가기 전에 여권을 확인했어요.

POINT!
한국어로 '을/를'은 일본어로 を가 아닌 경우가 꽤 있어요. '여행을 가다'는 「旅行(りょこう)を行(い)く」가 아니라 「旅行(りょこう)に行(い)く」인 점, 주의하세요!

勉強を始める前に机を片付けました。
공부를 시작하기 전에 책상을 정리했어요.

出かける前に天気をチェックしました。
외출하기 전에 날씨를 확인했어요.

~前に

~하기 전에

 **단어 Check!**

☐ 出発(しゅっぱつ) 출발
☐ 手(て)を洗(あら)う 손을 씻다
☐ 確認(かくにん)する 확인하다
☐ 片付(かたづ)ける 치우다, 정리하다
☐ 前(まえ) 전, 앞
☐ スマホ(スマートフォン의 줄임) 스마트폰
☐ 始(はじ)める 시작하다
☐ 出(で)かける 외출하다
☐ 腹(はら)ごしらえ 배를 채워 둠
☐ パスポート 여권
☐ 机(つくえ) 책상
☐ チェックする 체크하다, 확인하다

037

08 〜つもりだ (~할 생각이다)

魔王を倒すつもりです。
(ま おう)   (たお)

마왕을 쓰러뜨릴 생각이에요.

강력한 마왕을 쓰러뜨리겠다고 결심한 주인공의 대사예요. 「〜つもりだ」는 의지나 계획을 나타내는데 일상 회화에서는 '그럴 생각이에요' 혹은 '그럴 예정이에요' 같은 느낌으로 사용돼요. 참고로 '~하지 않을 생각이다'는 「~ないつもりだ」가 돼요!

애니 속 그 말, 이렇게 만든다!

동사

勉強する (べんきょう) 공부하다	→ 勉強するつもりだ (べんきょう) 공부할 생각이다
続ける (つづ) 계속하다	→ 続けるつもりだ (つづ) 계속할 생각이다
ゆっくりする 푹 쉬다	→ ゆっくりするつもりだ 푹 쉴 생각이다
終わらせる (お) 끝내다	→ 終わらせるつもりだ (お) 끝낼 생각이다
外食する (がいしょく) 외식하다	→ 外食するつもりだ (がいしょく) 외식할 생각이다

뒤에 + つもりだ 붙이기!

현실에선 이렇게 말한다!

～つもりだ
～할 생각이다

동사

今日はカフェで日本語を勉強するつもりです。
오늘은 카페에서 일본어를 공부할 생각이에요.

ランニングが趣味なので、これからも続けるつもりです。
러닝이 취미여서 앞으로도 계속할 생각이에요.

週末は家でゆっくりするつもりです。
주말엔 집에서 푹 쉴 생각이에요.

この仕事は今週中に終わらせるつもりです。
이 일은 이번 주 중에 끝낼 생각이에요.

今日は外食するつもりだったけど、やめました。
오늘은 외식할 생각이었는데 그만뒀어요.

POINT!
실제 스케줄로 잡힌 예정이라기보다는 내 머릿속에서만 세운 계획이라는 뉘앙스예요.

 **단어 Check!**

- 魔王(まおう) 마왕
- カフェ 카페
- 週末(しゅうまつ) 주말
- 終(お)わらせる 끝내다
- 倒(たお)す 쓰러뜨리다
- 趣味(しゅみ) 취미
- ゆっくりする 편히 쉬다, 푹 쉬다
- 外食(がいしょく) 외식
- つもり 생각, 작정
- 続(つづ)ける 계속하다
- 今週中(こんしゅうちゅう)に 이번 주중에
- やめる 그만두다

09 〜予定だ (〜할 예정이다)

明日は王都に向かう予定だ。

내일은 왕도(*왕국의 수도)로 향할 예정이다.

주인공이 다음 계획을 공유하는 장면에서 쓰이는 대사입니다. 「予定(よてい)だ」는 '계획되어 있다', '예정되어 있다'는 뜻으로, 앞으로 할 일이나 정해진 일정을 말할 때 사용해요. 한국어의 '예정이다'와 완전히 같아서 의미를 쉽게 떠올릴 수 있죠. 다만 일본어에서는 개인적인 약속이나 간단한 계획에도 자연스럽게 쓸 수 있어서, 한국어보다 조금 더 폭넓게 사용하는 표현이에요.

 애니 속 그 말, 이렇게 만든다!

동사			
来る 오다	→	来る予定だ 올 예정이다	
食べに行く 먹으러 가다	→	食べに行く予定だ 먹으러 갈 예정이다	
始まる 시작되다	→	始まる予定だ 시작될 예정이다	
終わる 끝나다	→	終わる予定だ 끝날 예정이다	
会う 만나다	→	会う予定だ 만날 예정이다	

뒤에 + 予定(よてい) 붙이기!

현실에선 이렇게 말한다!

~予定だ

~할 예정이다

동사

来週、日本から親友が来る予定です。
다음 주에 일본에서 절친이 올 예정입니다.

明日は友達と絶品スイーツを食べに行く予定です。
내일은 친구와 최고로 맛있다는 디저트를 먹으러 갈 예정입니다.

POINT!
「絶品(ぜっぴん)」는 주로 음식의 맛이 '일품', '예술적', '끝내준다' 할 때 사용되는 말이에요. 직역은 '절품'인데 맛이 절대적이라고 이해하시면 좋고 단순히 맛있는 걸 넘어서서 감동할 정도로 최고로 맛있다는 뜻이 강조되는 말이에요. 또한 「スイーツ」는 영어 'sweets'에서 유래된 외래어로 디저트를 뜻해요. 원래 「デザート」(디저트)는 후식이라는 느낌이 있다면 「スイーツ」는 예쁜 카페에서 먹는 보기에도 예쁘고 SNS에 올리고 싶은 디저트를 말할 때 사용돼요!

会議は3時に始まる予定です。
회의는 3시에 시작될 예정입니다.

授業は6時に終わる予定なので、その後はフリーです。
수업은 6시에 끝날 예정이라 그 후에는 자유예요.

友達にドタキャンされて、会う予定がなくなりました。
친구가 갑자기 약속을 취소해서, 만날 일정이 사라졌어요.

POINT!
「ドタキャン」는 「土壇場(どたんば)でキャンセルする」(막판에 취소하다)의 줄임말로 자주 쓰는 말이에요! 또한 「ドタキャンされる」 부분에서 '수동형'이라는 문법이 쓰였는데, 55번을 참고하세요!

단어 Check!

- 王都(おうと) 왕도(왕국의 수도)
- 絶品(ぜっぴん) 일품, 최고의 맛
- 始(はじ)まる 시작되다
- その後(あと) 그 후
- 向(むか)う 향하다
- スイーツ 디저트
- 親友(しんゆう) 절친
- ドタキャンする 갑자기 (약속이나 예약을) 취소하다
- 予定(よてい) 예정
- 会議(かいぎ) 회의
- 終(お)わる 끝나다
- なくなる 없어지다

10 〜(よ)う (~하자[권유] / ~해야지[결심])

次の街で少し休もう。

다음 마을에서 잠깐 쉬자.

대원들이 지쳐 있는 모습을 본 대장이 모두에게 제안하는 장면에서 쓰이는 대사입니다. 이 패턴을 '의지형'이라고 합니다. 남에게 권유하는 것뿐만 아니라 스스로 결심할 때 혼잣말로도 쓸 수 있는 표현이에요.

 애니 속 그 말, 이렇게 만든다!

3그룹 する와 来る 단 2개

する → しよう
하다 → 하자 / 해야지

来る → 来よう
오다 → 오자 / 와야지

통째로 외우기!

2그룹 끝이 る이고 る 앞 글자가 い단/え단

着る → 着よう
입다 → 입자 / 입어야지

捨てる → 捨てよう
버리다 → 버리자 / 버려야지

る를 よう로 바꾸기!

1그룹 3그룹도 2그룹도 아닌 동사

頑張る → 頑張ろう
힘내다 → 힘내자 / 힘내야지

끝 글자를 お단으로 바꾸고 う 붙이기!

🗄️ 현실에선 이렇게 말한다!

(3그룹)

いっぱい食(た)べたから、あとでジムで運動(うんどう)しよう。
많이 먹었으니까 이따가 헬스장에서 운동해야지.

このお店(みせ)、今度(こんど)彼氏(かれし)と来(こ)ようかな。
이 가게, 다음에 남자 친구랑 올까.

POINT!
「来(こ)よう」(오자)단독으로는 잘 쓰지 않지만 「〜かな」(~할까 말까)를 붙이면 혼잣말로 쓸 수 있어요. 〜かな의 다른 예로 이런 것도 있어요! 「行(い)こうかな…」(갈까 말까…)

(2그룹)

明日(あした)何(なに)着(き)ようかな。
내일 뭘 입을까.

これは残(のこ)して…これは捨(す)てよう。
이건 남기고… 이건 버려야지. (혼자서 물건 정리하면서 조용히 중얼거리는 느낌)

(1그룹)

一緒(いっしょ)に頑張(がんば)ろう!
같이 힘내자!

단어 Check!

- □ 次(つぎ) 다음
- □ 休(やす)む 쉬다
- □ ジム 헬스장
- □ 捨(す)てる 버리다
- □ 街(まち) 마을, 번화가
- □ いっぱい 많이, 가득
- □ 今度(こんど) 이번에, 다음에
- □ 一緒(いっしょ)に 같이, 함께
- □ 少(すこ)し 약간, 조금
- □ あとで 이따가, 나중에
- □ 残(のこ)す 남기다
- □ 頑張(がんば)る 열심히 하다, 힘내다

~(よ)うと思う (~하려고 하다[의도] / ~할 생각이다[결심])

決着をつけようと思う。

> 결판을 내리고 한다.

 주인공이 마왕과의 싸움에 종지부를 찍으려고 결심한 장면에서 쓰이는 대사입니다. 자기 마음속의 결심 또는 가벼운 의지를 표현할 때 쓰이며, 한국어로는 '~하려고 해', '~할 생각이야'와 같은 의미로 사용할 수 있어요!

 애니 속 그 말, 이렇게 만든다!

3그룹
する와 来る
단 2개

掃除する → 掃除しようと思う
청소하다   청소하려고 한다

来る → 来ようと思う
오다   오려고 한다

> 통째로 외우기!

2그룹
끝이 る이고 る 앞 글자가 い단/え단

起きる → 起きようと思う
일어나다   일어나려고 한다

やせる → やせようと思う
살빼다   살빼려고 한다

> る를 ようと思う로 바꾸기!

1그룹
3그룹도
2그룹도
아닌 동사

やる → やろうと思う
하다   하려고 한다

> 끝 글자를 お단으로 바꾸고 +うと思(おも)う 붙이기!

현실에선 이렇게 말한다!

~(よ)うと思う
~하려고 하다[의도] / ~할 생각이다[결심]

（3그룹）

週末は部屋の掃除をしようと思っています。
주말에는 방 청소를 하려고 해요.

おいしかったので、また来ようと思います。
맛있어서 또 오려고요.

POINT!
「~ようと思(おも)っています」는 「~ている」(~하고 있다)가 포함되어 있어 현재 생각 중이거나 이미 결심한 상태를 나타내며, 그래서 더 자주 쓰여요. 반면, 「~ようと思(おも)います」는 그 자리에서 막 결심했거나 처음 말하는 경우에 사용돼요!

（2그룹）

今日早く起きようと思って、アラームを10個かけました。
오늘 일찍 일어나려고 알람을 10개 맞췄어요.

夏までに5キロやせようと思う!
여름까지 5kg 빼려고 해!

POINT!
반말로도 많이 쓰이니까 기억해 두면 좋아요!

（1그룹）

そろそろ本気でやろうと思う。いや、やる!
슬슬 본격적으로 하려고. 아니, 한다!

POINT!
같은 '하다'라는 의미지만, 「やる」는 「する」보다 캐주얼하게 쓰는 표현이에요.
단, 「運動する」(운동하다)처럼 '○○하다'의 형태로는 사용할 수 없으니 주의하세요!
㉠ 運動(うんどう)やる✗ → 運動(うんどう)する○

단어 Check!

- □ 決着(けっちゃく) 결판, 결말이 남
- □ つける 끝을 내다, 매듭을 짓다
- □ 思(おも)う 생각하다
- □ 部屋(へや) 방
- □ 掃除(そうじ) 청소
- □ おいしい 맛있다
- □ アラームをかける 알람을 맞추다
- □ 夏(なつ) 여름
- □ ~までに ~까지(기한)
- □ やせる 살 빼다, 살 빠지다
- □ そろそろ 슬슬
- □ 本気(ほんき)で 진심으로

12 〜ことにする (~하기로 하다 [결정·선택])

しばらくここで過ごす
ことにするか。

당분간 여기서 지내기로 할까?

주인공이 도착한 장소에서 몸과 마음을 쉬어 가기로 결정하는 장면에서 쓰이는 대사입니다. 스스로 결정을 내려서 어떤 행동을 하기로 했을 때 사용하는 표현이에요.

애니 속 그 말, 이렇게 만든다!

동사

行く 가다	→	行くことにする 가기로 하다
転職する 이직하다	→	転職することにする 이직하기로 하다
引っ越す 이사하다	→	引っ越すことにする 이사하기로 하다
散歩する 산책하다	→	散歩することにする 산책하기로 하다
過ごす 지내다 / 보내다	→	過ごすことにしている 지내기로 하다 / 보내기로 하다

뒤에 + ことにする 붙이기!

현실에선 이렇게 말한다!

~ことにする

~하기로 하다 [결정·선택]

동사

家族旅行で沖縄に行くことにしました。
가족 여행으로 오키나와에 가기로 했어요.

会社を辞めて転職することにしました。
회사를 그만두고 이직하기로 했어요.

新しいところに引っ越すことにしました。
새로운 곳으로 이사하기로 했어요.

毎日最低30分は散歩することにしています。
매일 최소 30분은 산책하는 것으로 하고 있어요.

POINT!
'최소 얼마'라는 말을 하고 싶을 땐 일본어로는 '최저(最低)'를 써요! '최소(最小)'는 「最小限(さいしょうげん)に」(최소한으로)와 같이 쓰이며, 「費用(ひよう)を最小限(さいしょうげん)に抑(おさ)える」(비용을 최소한으로 줄이다)처럼 가장 작은 정도를 나타낼 때 주로 사용돼요.

年末年始は家族と過ごすことにしています。
연말연시에는 가족과 보내는 것으로 하고 있어요.

POINT!
「~ことにしている」(~하기로 하고 있다)로 습관적으로 하는 행동이나 루틴으로 하고 있는 일에 대해 말할 수 있어요!

 **단어 Check!**

- しばらく 잠깐, 당분간
- 旅行(りょこう) 여행
- 新(あたら)しい 새롭다
- 最低(さいてい) 최소(직역은 최저)
- 過(す)ごす 지내다, 보내다
- 会社(かいしゃ)を辞(や)める 퇴사하다
- どころ 곳, 장소
- 散歩(さんぽ)する 산책하다
- 家族(かぞく) 가족
- 転職(てんしょく)する 이직하다
- 引(ひ)っ越(こ)す 이사가다
- 年末年始(ねんまつねんし) 연말연시

계획의 지도만 그리고 있지 않은가요?

"다 준비되면 시작하려고요."

무언가를 시작하기 전에 계획을 완벽하게 짜는 분들 많죠.

근데 준비가 끝나는 건 과연 언제일까요?

철저히 계획을 짜고 준비하는 사람을 보면 멋지고 솔직히 부럽기도 해요.

저는 어릴 때부터 그런 스타일이 아니었어요.

일단 움직여 보고 계획은 행동하면서 짜는 스타일이었어요.

MBTI도 ENFP라 이런 성격을 증명하는 것 같죠?

완벽한 계획은 존재하지 않는 것 같아요.

완벽한 준비도 존재하지 않는 것 같아요.

계획은 나를 이끌어 주는 지도와 같지만, 그 지도를 그리는 일에만 집중하다 보면 정작 모험은 영영 시작도 못할지 몰라요.

==중요한 건 첫걸음을 내딛는 용기예요.==

==이제 계획은 그만하세요.==

==조금 부족해도 오늘 진짜로 내딛은 걸음이 더 값져요.==

그리고 그 한 걸음이 쌓여서 나중에 나만의 멋진 지도가 완성될 거예요.

제 3화

실천하는 자가 강하다!

시도와 실패 관련 표현

13 試してみるか。
한번 해 볼까.!

14 歩み始めた俺たちー
걸어가기 시작한 우리들-

15 無理しすぎるなよ。
너무 무리하지 마.

16 はぁ…やってしまった。
하…망했다(저질러 버렸다).

17 ごめん、燃やしちゃった…
미안, 태워 버렸어…

18 この剣、振りやすいな。
이 검, 휘두르기 쉽네.

19 すごく言いにくいんだが…
정말 말하기 어려운데…

| My story |
옆길에 떨어져 있는 재미의 보석

13 〜てみる (~해 보다)

試(ため)してみるか。

한번 해 볼까?

새로운 마법을 배운 주인공이 실제로 시도해 보기로 결심하는 장면에서 사용되는 대사입니다. 어떤 행동을 시험적으로 해 볼 때 쓰는 표현이에요.

애니 속 그 말, 이렇게 만든다!

동사

試着(しちゃく)する → 試着(しちゃく)してみる
입어 보다　　　　（시험 삼아) 입어 보다

見(み)る → 見(み)てみる
보다　　　봐 보다

作(つく)る → 作(つく)ってみる
만들다　　만들어 보다

行(い)く → 行(い)ってみる
가다　　　가 보다

履(は)く → 履(は)いてみる
신다 / (하의를) 입다　　신어 보다 / 입어 보다

て형으로 바꾸고 + みる 붙이기!

현실에선 이렇게 말한다!

 この服、試着してみてもいいですか？

이 옷, 입어 봐도 될까요?

POINT!
「試着(しちゃく)する」자체가 입어 본다는 뜻을 가지고 있지만 「〜てみる」를 붙이면 '시험 삼아 한번 입어 본다'는 뉘앙스가 더해져요!

一度でいいので、オーロラを見てみたいです。

한 번이라도 좋으니까 오로라를 봐 보고 싶어요.

初めて作ってみたんだけど、どう？

처음 만들어 봤는데, 어때？

ヨーロッパに一度行ってみたいです。

유럽에 한번 가 보고 싶어요.

すみません、この靴履いてみてもいいですか。

저기요, 이거 신어 봐도 되나요?

POINT!
일본어로는 운동화도 구두도 모두 「靴(くつ)」라고 해요!

〜てみる

〜해 보다

단어 Check!

- □ 試(ため)す 시도하다
- □ 服(ふく) 옷
- □ 試着(しちゃく)する 입어 보다
- □ 一度(いちど) 한번
- □ いい 좋다
- □ オーロラ 오로라
- □ 見(み)る 보다
- □ 初(はじ)めて 처음(으로)
- □ 作(つく)る 만들다
- □ ヨーロッパ 유럽
- □ すみません 죄송합니다, 저기요
- □ 履(は)く (신발이나 양말을) 신다, (하의를) 입다

14. 〜始める (〜하기 시작하다)

歩み始めた俺たち―
걸어가기 시작한 우리들―

주인공 일행이 마을에서 잘 쉬고 나서 본격적인 모험을 시작하는 장면에서 쓰이는 대사입니다. 어떤 행동이나 상태가 막 시작되었을 때 사용해요.

애니 속 그 말, 이렇게 만든다!

3그룹
する와 来る 단 2개

する → し始める
하다 / 하기 시작하다

통째로 외우기!

2그룹
끝이 る이고 る 앞 글자가 い단/え단

見る → 見始める
보다 / 보기 시작하다

食べる → 食べ始める
먹다 / 먹기 시작하다

る를 始める로 바꾸기!

1그룹
3그룹도 2그룹도 아닌 동사

降る → 降り始める
(비/눈 등이) 내리다 / 내리기 시작하다

咲く → 咲き始める
(꽃이) 피다 / 피기 시작하다

끝 글자를 い단으로 바꾸고 始める를 붙이기!

현실에선 이렇게 말한다!

3그룹

試験の前に急に勉強をし始めました。
시험 전에 급하게 공부를 하기 시작했어요.

~始める

2그룹

最近新しいドラマを見始めました。
최근에 새로운 드라마를 보기 시작했어요.

兄は健康のために野菜を食べ始めました。
형(오빠)은 건강을 위해 야채를 먹기 시작했어요.

POINT!
일본에서는 '형'과 '오빠'를 구별해서 말하지 않습니다. 마찬가지로 '누나'와 '언니'도 구별해서 말하지 않습니다. 참고로 다른 사람에게 소개하거나 얘기할 때는 「兄(あに)」라고 말하지만, 가족끼리는 좀 더 따뜻하게 「(お)兄(にい)ちゃん」이라고 부릅니다. '누나/언니'도 남에게는 「姉(あね)」라고 말하고, 가족끼리는 「(お)姉(ねえ)ちゃん」이라고 불러요.

-하기 시작하다

雨が降り始めたので、急いで帰りましょう。
비가 내리기 시작했으니 얼른 돌아갑시다.

1그룹

急に暖かくなって、桜が咲き始めました。
갑자기 따뜻해져서 벚꽃이 피기 시작했어요.

단어 Check!

- □ 歩(あゆ)む 걷다
- □ 急(きゅう)に 급하게, 갑자기
- □ 野菜(やさい) 야채
- □ 暖(あたた)かい (날씨가) 따뜻하다
- □ 俺(おれ)たち 우리들
- □ 最近(さいきん) 최근에
- □ 雨(あめ)が降(ふ)る 비가 오다
- □ 桜(さくら) 벚꽃
- □ 試験(しけん) 시험
- □ 兄(あに) 형, 오빠
- □ 急(いそ)いで 서둘러
- □ 咲(さ)く (꽃이) 피다

053

15 〜すぎる (지나치게 ~하다, 너무 ~하다)

無理(むり)しすぎるなよ。

너무 무리하지 마.

 전투 후 주인공이 동료에게 걱정 어린 조언을 할 때 자주 나오는 대사입니다. 정도나 양이 너무 과할 때 사용하는 표현이고 부정적인 뉘앙스로 쓰일 때도 많아요.

애니 속 그 말, 이렇게 만든다!

동사

食(た)べる → 食(た)べすぎる
먹다   너무 많이 먹다

飲(の)む → 飲(の)みすぎる
마시다   너무 많이 마시다

> ます형 뒤에 +すぎる 붙이기!

な형용사

まじめだ → まじめすぎる
성실하다   너무 성실하다

い형용사

暑(あつ)い → 暑(あつ)すぎる
덥다   너무 많이 덥다

예외
ない(없다)는 なさすぎる(너무 없다)로 바뀝니다.

> 끝 글자를 빼고 +すぎる를 붙이기!

명사

いい天気(てんき) → いい天気(てんき)すぎる
좋은 날씨   너무나도 좋은 날씨

> 뒤에 +すぎる 붙이기!

현실에선 이렇게 말한다!

동사

食べ過ぎてお腹痛い。
너무 많이 먹어서 배가 아파.

お酒を飲み過ぎて頭が痛いです。
술을 너무 많이 마셔서 머리가 아파요.

な형용사

姉はまじめすぎるのが心配です。
언니(누나)는 지나치게 성실해서 걱정이에요.

い형용사

暑すぎる夏のアイスが良すぎる件。
너무 더운 여름의 아이스크림은 너무 좋은 건에 대하여.

POINT!
요즘 SNS를 중심으로 「〜すぎる件(けん)」(너무 〜하는 건에 대하여)을 자주 쓰는데요. 혼잣말처럼 쓰다가 이제 친구끼리 메시지로도 쓰는 것 같아요. 다른 예시로 「面白(おもしろ)すぎる件(けん)」(너무 재미있는 건에 대하여), 「イケメンすぎる件(けん)」(너무 잘 생긴 건에 대하여), 「可愛(かわい)すぎる件(けん)」(너무 귀여운 건에 대하여)처럼 소감을 재밌게 포장해서 말할 때 사용할 수 있어요!

명사

今日ガチでいい天気すぎる。
오늘 레알 좋은 날씨네.

POINT!
「ガチで」(진짜로, 진지하게)는 비교적 젊은 층이 캐주얼하게 쓰는 신조어입니다. 감정의 진실성이나 행동의 진지함을 강조할 때 쓰입니다. 한국어 신조어인 '레알'이랑 느낌이 비슷해요.

〜すぎる
지나치게 〜하다, 너무 〜하다

- □ 無理(むり) 무리
- □ 〜な〜하지 마(금지)
- □ お腹(なか)痛(いた)い 배 아프다
- □ お酒(さけ) 술
- □ 頭(あたま)が痛(いた)い 머리가 아프다
- □ まじめだ 성실하다
- □ 心配(しんぱい)だ 걱정된다
- □ 夏(なつ) 여름
- □ アイス 아이스크림(아이스크림의 줄임말)

16 〜てしまう (~해 버리다, ~하고 말다)

はぁ…やってしまった。

하… 망했다(저질러 버렸다).

동료와 싸우다 말실수를 해 버린 주인공이 하는 대사입니다. 의도치 않게 저질러 버렸다는 뉘앙스라서 실수, 후회, 원치 않는 결과를 맞닥뜨렸을 때 자주 써요. 회화에서는 「〜ちゃう」로 바꿔 말할 수 있어요!

애니 속 그 말, 이렇게 만든다!

동사			
する 하다	→	してしまう 해 버리다	
来る 오다	→	来てしまう 와 버리다	
起きる 일어나다	→	起きてしまう 일어나 버리다	
食べる 먹다	→	食べてしまう 먹어 버리다	
消す 지우다	→	消してしまう 지워 버리다	

て형으로 바꾸고 + しまう 붙이기!

현실에선 이렇게 말한다!

동사

寝不足でミスしてしまいました。
잠이 부족해서 실수해 버렸어요.

財布を家に忘れてきてしまいました。
지갑을 집에 두고 와 버렸어요.

POINT!
「来(く)る」가 보조 동사일 경우에는 히라가나 くる로 쓰는 경우가 많아요. 그리고 원래 「忘(わす)れる」는 '잊다'라는 뜻이지만 물건을 깜박하고 어디 두고 왔을 때도 사용합니다.

遅く起きてしまって遅刻しました。
늦게 일어나 버려서 지각했어요.

ダイエット中なのに夜食を食べてしまいました。
다이어트 중인데 야식을 먹어 버렸어요.

パソコンのデータを消してしまいました。
컴퓨터 데이터를 지워 버렸어요.

~てしまう

~해 버리다, ~하고 말다

 **단어 Check!**

- やる 하다
- 財布(さいふ) 지갑
- 遅(おそ)い 늦다
- パソコン 컴퓨터
- 寝不足(ねぶそく) 수면 부족
- 家(いえ) 집
- 遅刻(ちこく)する 지각하다
- データ 데이터
- ミスする 실수하다
- 忘(わす)れる 잊다
- 夜食(やしょく) 야식
- 消(け)す 지우다

17 ~ちゃう (~해 버리다, ~하고 말다)

ごめん、燃やしちゃった…。

미안, 태워 버렸어….

주인공이 중요한 계약서를 실수로 태워 버린 걸 사과하는 장면에서 쓰이는 대사입니다. 「〜てしまう」의 축약형으로 특히 친구, 애인처럼 친한 사이에서는 캐주얼한 이쪽을 더 많이 써요! 의도치 않은 실수를 말할 때 사용하는 건 동일하지만, 살짝 귀엽게 들리기도 해서 가볍게 넘어가고 싶을 때 쓰면 유용해요.

애니 속 그 말, 이렇게 만든다!

동사			
する 하다	→	してしまう 해 버리다	→	しちゃう 해 버리다
来る 오다	→	来てしまう 와 버리다	→	来ちゃう 와 버리다
降りる 내리다	→	降りてしまう 내려 버리다	→	降りちゃう 내려 버리다
捨てる 버리다	→	捨ててしまう 버려 버리다	→	捨てちゃう 버려 버리다
言う 말하다	→	言ってしまう 말해 버리다	→	言っちゃう 말해 버리다

てしまう를 ちゃう로 바꾸기!

현실에선 이렇게 말한다!

 寝坊(ねぼう)しちゃって…すみません。

늦잠 자 버려서… 죄송합니다.

POINT!
「〜ちゃう」는 「〜てしまう」에 비해 조금 가벼운 느낌이 나므로 친한 사이에만 쓰세요! 거래처 담당자한테는 절대 쓰면 안 돼요!

予定(よてい)より早(はや)く来(き)ちゃいました。

예정보다 일찍 와 버렸어요.

すみません、間違(まちが)えて違(ちが)う駅(えき)で降(お)りちゃって…。

죄송해요. 실수로 다른 역에서 내려 버렸어요….

POINT!
회화에서는 끝까지 딱딱 끊지 않고, 살짝 흐리면서 말하는 게 더 부드럽고 정중하게 들릴 때가 있어요. 포인트는 「〜て…」처럼 て형으로 끝내면서 말줄임표를 붙이면 완성!

いらないと思(おも)って捨(す)てちゃいました。

필요 없다고 생각해서 버려 버렸어요.

さっきは強(つよ)く言(い)っちゃって、ごめん。

아까는 세게 말해 버려서 미안해.

〜ちゃう
〜해 버리다, 〜하고 말다

 **단어 Check!**

- ごめん 미안해
- 早(はや)く 일찍
- 駅(えき) 역
- さっき 아까
- 燃(も)やす 불태우다
- 間違(まちが)える 틀리다
- 降(お)りる 내리다
- 強(つよ)い 강하다
- 寝坊(ねぼう)する 늦잠 자다
- 違(ちが)う 다르다
- いる(要る) 필요하다
- 言(い)う 말하다

18 〜やすい (~하기 쉽다, ~하기 편하다)

この剣、振りやすいな。

이 검, 휘두르기 쉽네.

주인공이 새로 얻은 검을 직접 써 보면서 감탄하는 장면에서 쓰이는 대사입니다. 어떤 행동을 쉽고 편하게 할 수 있을 때 사용해요.

애니 속 그 말, 이렇게 만든다!

3그룹
する와 来る
단 2개

掃除する	→	掃除しやすい
청소하다		청소하기 쉽다
来る	→	来やすい
오다		오기 편하다

통째로 외우기!

2그룹
끝이 る이고
る 앞 글자가
い단/え단

着る	→	着やすい
입다		입기 쉽다
食べる	→	食べやすい
먹다		먹기 쉽다

る를 やすい로 바꾸기!

1그룹
3그룹도
2그룹도
아닌 동사

分かる	→	分かりやすい
알다		알기 쉽다

끝 글자를 い단으로 바꾸고 + やすい 붙이기!

현실에선 이렇게 말한다!

(3그룹 동사) 床に物がないので、掃除しやすいです。
바닥에 물건이 없어서 청소하기 쉬워요.

このカフェは駅から近いので来やすいです。
이 카페는 역에서 가까워서 오기 편해요.

~やすい

~하기 쉽다, ~하기 편하다

(2그룹 동사) このTシャツは着やすいので、毎日着ています。
이 티셔츠는 편하게 입을 수 있어서 매일 입고 있어요.

POINT!
발음이「来(き)やすい」(오기 쉽다)와 똑같으니 문맥으로 구분하세요!

この餃子は一口サイズなのでとても
食べやすいです。
이 만두는 한입 크기라 매우 먹기 편해요.

(1그룹 동사) この先生の説明はとても分かりやすいです。
이 선생님의 설명은 매우 이해하기 쉬워요.

POINT!
「~やすい」는 단독으로 쓰면 가격을 표현할 때의 '싸다'라는 뜻이 되기 때문에 꼭 동사와 함께 쓰세요!

 **단어 Check!**

□ 振(ふ)る 흔들어 휘두르다　　□ 床(ゆか) 바닥　　□ 物(もの) 물건
□ 掃除(そうじ)する 청소하다　　□ 近(ちか)い 가깝다　　□ T(ティー)シャツ 티셔츠
□ 毎日(まいにち) 매일　　□ 餃子(ぎょうざ) 만두　　□ 一口(ひとくち) 한입
□ サイズ 사이즈, 크기　　□ 先生(せんせい) 선생님　　□ 説明(せつめい) 설명

19 〜にくい (~하기 어렵다, ~하기 힘들다)

すごく言いにくいんだが…

정말 말하기 어려운데…

주인공이 꺼내기 어려운 이야기를 하려는 장면에서 쓰이는 대사입니다. 어떤 행동이 하기 어렵고 불편할 때 사용하는 표현이에요.

애니 속 그 말, 이렇게 만든다!

3그룹
する와 来る
단 2개

理解する → 理解しにくい
이해하다   이해하기 어렵다

来る → 来にくい
오다   오기 힘들다

> 통째로 외우기!

2그룹
끝이 る이고
る 앞 글자가
い단/え단

見る → 見にくい
보다   보기 어렵다

覚える → 覚えにくい
외우다   외우기 어렵다

> る를 にくい로 바꾸기!

1그룹
3그룹도
2그룹도
아닌 동사

使う → 使いにくい
사용하다   사용하기 어렵다

> 끝 글자를 い단으로 바꾸고 + にくい 붙이기!

현실에선 이렇게 말한다!

3그룹 동사

この資料は専門用語が多くて、理解しにくいです。
이 자료는 전문 용어가 많아서 이해하기 어려워요.

ここは駅からも遠いし、来にくい場所にありますね。
여기는 역에서도 멀고, 오기 힘든 곳에 있네요.

2그룹 동사

この席からはホワイトボードが見にくいです。
이 자리에서는 화이트보드가 잘 안 보여요.

カタカナは似ている文字が多いので覚えにくいです。
가타카나는 비슷한 글자가 많아서 외우기 어려워요.

1그룹 동사

これ思ったより使いにくいですね。
이거 생각보다 사용하기 어렵네요.

〜にくい
〜하기 어렵다, 〜하기 힘들다

- すごく 굉장히, 몹시
- 多(おお)い 많다
- 場所(ばしょ) 장소, 곳
- 似(に)ている 비슷하다
- 資料(しりょう) 자료
- ここ 여기
- ある (사물, 식물이) 있다
- 文字(もじ) 글자
- 専門用語(せんもんようご) 전문 용어
- 遠(とお)い 멀다
- 席(せき) 좌석, 자리
- 思(おも)ったより 생각보다

063

옆길에 떨어져 있는 재미의 보석

고속도로만 달리면 바깥의 풍경은 재미있을까요?
드라이브를 하다 보면 고속도로는 참 풍경이 밋밋하게 느껴질 때가 있어요.
그리고 너무 빨라서 사실 제대로 즐길 시간도 없죠.

공부도 마찬가지라고 생각해요.
효율적으로만 공부하려고 하면 어느 순간
그 길이 나에게 재미없게 느껴져요.

일본어 공부는 재미있으신가요?
가끔은 딴길로 새기도 하면서 조금 비효율적인 것도 해 봐요.
한 단어의 유래에 대해 30분 동안 찾아보는 것도 좋고,
좋아하는 애니를 정주행하는 것도 아주 좋아요.

저는 수험생 시절 밤마다 영화 한 편 보는 걸 좋아했어요.
그 시간 덕분에 오래 해야 하는 공부도 스트레스를
덜 느끼며 이어 갈 수 있었던 것 같아요.

==직진만이 정답은 아니에요.==
==의미 없어 보이는 길도 돌고 돌아 도움이 될 때가 생기고,==
==무엇보다 오래가기 위한 원동력이 되어 주기도 하니까요.==

그러니 가끔은 옆길도 구경해 보세요.
어쩌면 그 길에 반짝이는 재미를 담은 보석이 떨어져 있을지도 몰라요.

제 4 화

일본어 공부는 식후경

행동과 결과 관련 표현

20 飯を食ってから出発だ！
밥 먹고 나서 출발이다！

21 全てクリアした後で―
모두 클리어한 후에―

22 修理したり、料理作ったり… 忙しいぜ！
수리하거나 요리하거나… 바쁘다고!

23 準備しておいたよ！
미리 준비해 뒀어!

24 この洞窟には何かが眠っている。
이 동굴에는 무언가가 잠들어 있다.

25 危険って書いてあるんだが…
위험이라고 쓰여 있는데…

My story
스스로 열심히 만드는 커다란 벽

20 ～てから (~하고 나서)

飯(めし)を食(く)っ**てから**出発(しゅっぱつ)だ！

> 밥 먹고 나서 출발이다!

주인공이 싸움을 시작하기 전에, 우선 밥을 먹고 나서 움직이자고 하는 장면에서 쓰이는 대사입니다. 순서를 확실하게 해 두고 싶을 때 쓰면 자연스러워요.

애니 속 그 말, 이렇게 만든다!

동사		
復習(ふくしゅう)する 복습하다	→	復習(ふくしゅう)してから 복습하고 나서
来(く)る 오다	→	来(き)てから 오고 나서
浴(あ)びる 뒤집어쓰다	→	浴(あ)びてから 뒤집어쓰고 나서
片付(かたづ)ける 정리하다	→	片付(かたづ)けてから 정리하고 나서
帰(かえ)る 돌아가[오]다 ※예외 1그룹 동사	→	帰(かえ)ってから 돌아가[오]고 나서

> て형으로 바꾸고 + から 붙이기!

현실에선 이렇게 말한다!

~てから
-하고 나서

（동사）

きょう たんご ふくしゅう ね
今日は単語を復習してから寝ます。
오늘은 단어를 복습하고 나서 잘 거예요.

たなか き いっしょ いどう
田中さんが来てから一緒に移動しましょう。
다나카 씨가 오고 나서 같이 이동합시다.

あ ね
シャワーを浴びてから寝ました。
샤워를 하고 나서 잤어요.

POINT!
「浴(あ)びる」는 '어떤 것을 온몸으로 받다'라는 의미라, 앞에 오는 명사에 따라 해석에 차이가 있어요. 앞에 오는 명사와 함께 세트로 외워 주세요!

へや かたづ いえ で
部屋を片付けてから家を出ました。
방을 정리하고 나서 집을 나왔어요.

いえ かえ なに
家に帰ってから何もしませんでした。
집에 돌아오고 나서 아무것도 안 했어요.

POINT!
「帰(かえ)る」는 2그룹 동사 같지만, 예외 1그룹 동사이니 주의하세요!

 **단어 Check!**

□ 飯(めし) 밥
□ 単語(たんご) 단어
□ 移動(いどう)する 이동하다
□ 家(いえ)を出(で)る 집을 나가[오]다

□ 食(た)べる 먹다
□ 復習(ふくしゅう)する 복습하다
□ シャワーを浴(あ)びる 샤워를 하다
□ 帰(かえ)る 돌아가[오]다

□ 出発(しゅっぱつ) 출발
□ 寝(ね)る 자다, 잠들다
□ 片付(かたづ)ける 정리하다, 치우다
□ 何(なに)も[+ 부정형] 아무것도 ~지 않다

067

21. 〜た後(あと)で (~한 후에)

全(すべ)てクリアした後(あと)で ―

모두 클리어한 후에 ―

미션을 클리어한 후를 상상하는 장면에서 쓰이는 대사입니다. 단순한 순서뿐만 아니라 어떤 행동이 끝났다는 뉘앙스가 강조돼요. 회화체에서는 「で」를 뺄 때도 많아요.

애니 속 그 말, 이렇게 만든다!

동사

卒業(そつぎょう)する 졸업하다	→	卒業(そつぎょう)した後(あと)で 졸업한 후에
来(く)る 오다	→	来(き)た後(あと)で 온 후에
観(み)る 보다	→	観(み)た後(あと)で 본 후에
決(き)める 결정하다	→	決(き)めた後(あと)で 결정한 후에
終(お)わる 끝나다	→	終(お)わった後(あと)で 끝난 후에

た형으로 바꾸고 + 後(あと)で 붙이기!

현실에선 이렇게 말한다!

~た後で

~한 후에

동사

大学を卒業した後、すぐ就職しました。
대학을 졸업한 후에 바로 취업했어요.

社長が来た後、すぐに取引先の人が来ました。
사장님이 온 후에 바로 거래처 사람이 왔어요.

映画観たあと、何しよっか？
영화 본 후에 뭐 할까?

POINT!
'보다'는 보통 일본어로「見る」를 쓰지만, 영화나 연극, 뮤지컬 감상이나 관람의 의미가 강할 때는 마치 전문 용어처럼「観る」를 사용해요. 또한 둘 다 발음은「みる」로 같지만, 한자에 따라 뉘앙스가 달라집니다. 단, 친구와 대화할 때는 보통「見る」를 쓰니까 억지로 쓰지 않아도 돼요!

スケジュールを決めた後で、また話しましょう。
스케줄을 정한 후에 다시 이야기합시다.

バイト終わったあと、ちょっとだけ会える？
알바 끝난 후에 잠깐 만날 수 있어?

POINT!
격식을 갖출 때는 한자「後(あと)」를 쓰고 회화에서는 히라가나「あと」를 써요! 그리고 '만날 수 있다[会(あ)える]'의 기본형은「会(あ)う」(만나다)이고 会(あ)える 대신「会(あ)うことができる」라고도 쓸 수 있어요.

 **단어 Check!**

- 全(すべ)て 모두
- 卒業(そつぎょう)する 졸업하다
- 取引先(とりひきさき) 거래처
- 話(はな)す 이야기하다
- クリアする 클리어하다
- すぐ 바로
- 人(ひと) 사람
- バイト 알바
- 大学(だいがく) 대학
- 就職(しゅうしょく)する 취업하다
- スケジュール 스케줄
- ~だけ ~만, ~뿐

22 〜たり〜たりする (~하거나 ~하거나 하다)

修理(しゅうり)したり、料理(りょうり)作(つく)ったり…
忙(いそが)しいぜ！

> 수리하거나 요리하거나… 바쁘다고!

 주인공이 하루 종일 다양한 일을 하느라 바쁘다고 말하는 장면에서 쓰이는 대사입니다. 하나만 하는 게 아니라 여러 일을 한다는 뉘앙스를 전달하고 싶을 때 사용해요. 그리고 「〜たり」를 한 번만 쓸 때도 있어요. 다른 것도 있지만 대표적으로 하나를 말한다는 뉘앙스가 추가돼요.

애니 속 그 말, 이렇게 만든다!

동사		
買(か)い物(もの)する 쇼핑하다	→	買(か)い物(もの)したり 쇼핑하거나
来(く)る 오다	→	来(き)たり 오거나
見(み)る 보다	→	見(み)たり 보거나
食(た)べる 먹다	→	食(た)べたり 먹거나
行(い)く 가다	→	行(い)ったり 가거나
遊(あそ)ぶ 놀다	→	遊(あそ)んだり 놀거나

> た형으로 바꾸고 + り 붙이기!

현실에선 이렇게 말한다!

~たり~たりする

~하거나 ~하거나 하다

동사

休みの日は、掃除したり、買い物したりして過ごしています。
쉬는 날은 청소하거나 쇼핑하거나 하면서 지냅니다.

昨日は友達が急に来たりして、いろいろ大変でした。
어제는 친구가 갑자기 찾아오거나 해서, 여러모로 힘들었어요.

アニメを見たり、おいしいものを食べたりすることが好きです。
애니를 보거나 맛있는 걸 먹거나 하는 걸 좋아해요.

普段辛い物食べたりしますか?
평소에 매운 거 먹기도 하나요?

POINT!
「~たり」를 쓰면 다양한 가능성을 열어 두는 부드러운 질문이 돼요. 「食べますか?」에 비해 상대방이 덜 부담스럽게 느낄 거예요.

カフェに行ったり、友達と遊んだりしてリフレッシュしました。
카페에 가거나 친구랑 놀거나 하면서 리프레시했어요.

단어 Check!

- 修理(しゅうり)する 수리하다
- 料理(りょうり)する 요리하다
- 忙(いそが)しい 바쁘다
- 休(やす)みの日(ひ) 쉬는 날
- 買(か)い物(もの)する 쇼핑하다, 장보다
- 過(す)ごす 지내다, 보내다
- いろいろ 여러 가지
- 大変(たいへん)だ 힘들다
- 普段(ふだん) 평소에
- 辛(から)い物(もの) 매운 것
- 遊(あそ)ぶ 놀다
- リフレッシュする 리프레시하다, 기분 전환하다

23 〜ておく 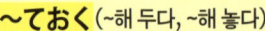(~해 두다, ~해 놓다)

準備しておいたよ！

미리 준비해 뒀어!

 동료가 주인공을 위해 필요한 것을 미리 준비해 두었다고 자랑스럽게 말하는 장면에서 쓰이는 대사입니다. 앞으로를 대비해서 어떤 행동을 미리 해 두었음을 나타낼 때 써요.

애니 속 그 말, 이렇게 만든다!

동사		
コピーする 복사하다	→	コピーしておく 복사해 두다
持ってくる 가져오다	→	持ってきておく 가져와 두다, 미리 준비하다
見る 보다	→	見ておく 봐 두다
開ける 열다	→	開けておく 열어 두다
買う 사다	→	買っておく 사 두다

て형으로 바꾸고 + おく 붙이기!

현실에선 이렇게 말한다!

동사

大事なデータなので、USBにコピーしておきました。
중요한 데이터라서 USB에 복사해 뒀어요.

POINT!
USB처럼 영어 발음이 한국어와 일본어가 비슷하면서도 살짝씩 다르게 읽히는 경우가 있으니 발음할 때 신경 쓰는 게 좋아요!「USB」는「ユーエスビー」처럼 장음이 있어서 이 부분이 다르게 들리면 일본 사람은 이해를 못 할 때가 있어요!

危ねぇ…。傘持ってきておいてよかった。
와 큰일날 뻔…. 우산 미리 챙겨서 다행이다.

POINT!
「来(き)ておく」(미리 와 두다)는 일반적으로 사용하는 표현은 아니라서, '오다'가 들어간 '가져오다'라는 동사를 골랐어요!「危(あぶ)ねぇ」는「危(あぶ)ない」의 줄임말인데 원래 '위험하다'라는 뜻이지만 '큰일날 뻔했다'라는 뜻으로 친구 사이에 자주 써요. 존댓말로는「危(あぶ)なかったですね」(큰일날 뻔했네요)처럼 과거형으로 사용하면 자연스러워요.

出発の前に必ず注意事項を見ておいてください。
출발 전에 꼭 주의사항을 봐 두세요.

暑いので、窓を開けておいてください。
더우니까 창문을 열어 놔 주세요.

チケットならもう買っておきましたよ。
티켓이라면 이미 예매해 뒀어요.

POINT!
실제로 말할 때는 이렇게 과거형으로 말하는 경우가 많으니,「〜ておきました」라고 말하는 연습을 꼭 해 보세요!

~ておく

-해 두다, -해 놓다

 **단어 Check!**

- □ 準備(じゅんび)する 준비하다
- □ 大事(だいじ)だ 중요하다
- □ コピーする 복사하다
- □ 危(あぶ)ない 위험하다, 큰일 날 뻔했다(과거형인 경우)
- □ 傘(かさ) 우산
- □ 持(も)つ 가지다, 들다
- □ 必(かなら)ず 꼭
- □ 注意事項(ちゅういじこう) 주의사항
- □ 暑(あつ)い 덥다
- □ 窓(まど) 창문
- □ 開(あ)ける 열다
- □ チケット 표, 티켓

24 ～ている (~하고 있다)

この洞窟には何かが眠っている。

이 동굴에는 무언가가 잠들어 있다.

신비로운 동굴에 도착한 주인공이 동굴 안에서 무언가 이상한 느낌을 받은 장면에서 쓰이는 대사입니다. '~하고 있다' 외에도 습관적 행동이나 계속된 상태를 말할 때 쓸 수 있어요.

 애니 속 그 말, 이렇게 만든다!

동사		
運動する 운동하다	→	運動している 운동하고 있다
来る 오다	→	来ている 오고 있다
信じる 믿다	→	信じている 믿고 있다
寝る 자다	→	寝ている 자고 있다
話す 말하다	→	話している 말하고 있다

て형으로 바꾸고 + いる 붙이기!

현실에선 이렇게 말한다!

동사

今何してる? / ジムで運動してます!
지금 뭐 해? / 헬스장에서 운동하고 있어요!

POINT!
실제 회화에서는 「〜ている」의 「い」가 빠져서 「〜てる」처럼 말하는 경우가 많아요. 그래서 좀 더 캐주얼한 느낌이 나요. 「ます」를 붙이면 「〜てます」가 돼요.

勉強する時はいつもこのカフェに来ています。
공부할 때는 늘 이 카페에 와요.

POINT!
「いつも来(き)ます」보다 '요즘도 계속 오고 있다'는 뉘앙스가 더해져요. 그리고 한국어로는 '오고 있어요'보다 '와요'로 번역하는 게 더 자연스럽죠? 그래서 번역으로 외우지 말고 상황으로 이해하는 습관을 기르면 좋아요!

試験に絶対受かると信じています。
시험에 꼭 붙을 거라고 믿고 있어요.

猫がソファで寝ています。
고양이가 소파에서 자고 있어요.

あそこで話している人は私の友達の高橋さんです。
저기서 이야기하고 있는 사람은 제 친구인 다카하시 씨예요.

〜ている
-하고 있다

- □ この 이
- □ 時(とき) 때
- □ 信(しん)じる 믿다
- □ あそこ 저기
- □ 洞窟(どうくつ) 동굴
- □ いつも 항상
- □ 猫(ねこ) 고양이
- □ 〜で ~에서
- □ 眠(ねむ)る 잠들다
- □ 試験(しけん)に受(う)かる 시험에 합격하다
- □ ソファ 소파
- □ 話(はな)す 이야기하다

25 〜てある (~되어 있다, 누군가 ~해 놨다)

危険(きけん)って書(か)いてあるんだが…

위험이라고 쓰여 있는데…

주인공이 던전 안에 있는 표지판에 '위험'이라고 쓰여 있는 걸 발견하는 장면에서 쓰이는 대사입니다. 자연스러운 결과가 아닌 누군가의 의도로 인해 만들어진 상태를 말할 때 사용돼요. 특히 그 행동으로 인한 결과물이 남는 경우에 [〜てある]를 사용한다고 기억하면 좋아요!

애니 속 그 말, 이렇게 만든다!

동사		
する 하다	→	してある 되어 있다
調(しら)べてくる 조사해 오다	→	調(しら)べてきてある 조사되어 있다
入(い)れる 넣다	→	入(い)れてある 넣어 둔 상태다
開(あ)ける 열다	→	開(あ)けてある 열려 있다 (누군가 열었고 아직 열려 있는 상태다)
書(か)く 쓰다	→	書(か)いてある 쓰여 있다

て형으로 바꾸고 + ある 붙이기!

현실에선 이렇게 말한다!

~てある

~되어 있다, 누군가 ~해 놨다

(동사)

明日の準備はもうしてあるので、完璧です！
내일 준비는 이미 되어 있어서 완벽해요!

周辺の情報は調べてきてあるので、安心してください。
주변 정보는 조사되어 있으니 안심하세요.

POINT!
「来(き)てある」는 부자연스러워서 단독으로는 안 쓰니까 주의하세요! 참고로 「歩(ある)く」(걷다), 「走(はし)る」(뛰다) 같은 단순 이동을 뜻하는 동사도 「~てある」 형식으로는 잘 안 써요!

飲み物は冷蔵庫に入れてあるので、自由に飲んでください。
음료는 냉장고에 넣어 놨으니까 자유롭게 드세요.

POINT!
「入(はい)っている」는 그냥 냉장고에 있을 때 사용하고 「入(い)れてある」는 예를 들어 손님이 왔을 때 주려고 넣어놨을 때처럼 누군가가 의도를 가지고 넣었다는 것을 강조하는 말이 돼요. 한국어로는 직역이 안 되는 경우가 많으니, 문맥과 상황을 통해 이해하는 게 중요해요.

換気のためにドアを開けてあるので、閉めないでください。
환기를 위해 문을 열어 놨으니까 닫지 말아 주세요.

POINT!
환기를 시킬 의도로 문을 열었고, 지금도 그 문이 열려 있는 상태라면 이렇게 말할 수 있어요. 이처럼 과거에 어떤 의도를 가지고 한 행동이 지금도 유지되고 있을 때 「~てある」를 사용해서 말해요.

重要なことは赤い文字で書いてあります。
중요한 것은 빨간 글씨로 쓰여 있어요.

단어 Check!

- □ 危険(きけん) 위험
- □ 情報(じょうほう) 정보
- □ 自由(じゆう)に 자유롭게
- □ 閉(し)める 닫다
- □ 完璧(かんぺき)だ 완벽하다
- □ 調(しら)べる 조사하다
- □ 換気(かんき) 환기
- □ 重要(じゅうよう)だ 중요하다
- □ 周辺(しゅうへん) 주변
- □ 冷蔵庫(れいぞうこ) 냉장고
- □ ドア 문
- □ 赤(あか)い 빨갛다

My story

스스로 열심히 만드는 커다란 벽

"너무 어려워요 선생님!"

학생들이 가끔 이렇게 외치고 싶어 하는 듯한 얼굴을 할 때가 있어요.

저는 나쁜 짓 한 것도 없는데 미안한 마음이 들죠.

그런데 막상 설명을 잘해 주면 생각보다 어렵지 않았다는 듯 안도하는 표정을 지어요.

==혹시 여러분도 '어렵다'는 말을 습관처럼 하고 있지 않으신가요?==

==사실 그렇게 어려운 건 아닌데 '어려워'라고 말해 버리는 순간, 우리의 뇌는 정말로 그걸 어려운 것으로 인식해요.==

마치 아무것도 없는 길에 스스로 높은 벽을 세우는 일과도 같죠.

스스로 이런 벽을 만들고 있지 않은지 한번 생각해 보세요.

저는 '어렵다'고 느낄 때마다 '재미있다'로 바꿔서 말해요.

"오, 재밌는 문제네~" 하고 보면 진짜로 재미있게 느껴지기도 해요.

뭐, 이상한 소리 하지 말라고요?

소소해 보여도 언어의 습관만큼 강력하고 무서운 게 없다니까요.

제 5화
그 정보는 확실한가
소문, 가능성 관련 문법

26. この先には、古代の遺跡があるそうだ。
이 앞에는 고대 유적이 있다고 한다.

27. この森には魔物が出るらしい。
이 숲에는 마물이 나온대.

28. あいつめっちゃ強そうだな。
저 녀석 엄청 강해 보이는데?

29. どうやら罠だらけみたいだ。
아무래도 함정투성이인 것 같다.

30. きっと役に立つと思う。
분명 도움이 될 거라고 생각해.

31. こに秘密があるかもしれない。
여기에 비밀이 있을지도 모른다.

| My story |
언어를 공부하면 받을 수 있는 최고의 선물

26 ~そうだ (~라고 한다 [남에게 들은 정보 전달])

> この先(さき)には、古代(こだい)の遺跡(いせき)が
> あるそうだ。

이 앞에는 고대 유적이 있다고 한다.

 주인공이 마을 사람에게 들은 정보를 팀원에게 공유하는 장면에서 쓰이는 대사입니다. 확실한 정보라기보다는 '누군가가 그렇게 말했다'는 뉘앙스이고, 소문이나 뉴스 등 들은 이야기를 전할 때 자주 쓰여요!

애니 속 그 말, 이렇게 만든다!

동사	降(ふ)る (비, 눈이) 내리다	→	降(ふ)るそうだ 내린다고 한다
	住(す)んで(い)た 살고 있었다	→	住(す)んで(い)たそうだ 살고 있었다고 한다
い형용사	いい 좋다	→	いいそうだ 좋다고 한다
な형용사	有名(ゆうめい)だ 유명하다	→	有名(ゆうめい)だそうだ 유명하다고 한다

뒤에 + そうだ 붙이기!

명사	ドラマ 드라마	→	ドラマだそうだ 드라마라고 한다

뒤에 + だそうだ 붙이기!

현실에선 이렇게 말한다!

~そうだ ~라고 한다 [남에게 들은 정보 전달]

동사

明日(あした)は雨(あめ)が降(ふ)るそうなので、みなさん傘(かさ)を忘(わす)れずに〜。
내일은 비가 온다고 하니까 다들 우산 잊지 말기~.

僕(ぼく)の友達(ともだち)も昔(むかし)そこに住(す)んでたそうです。
제 친구도 옛날에 거기에 살았대요.

POINT!
과거형을 쓰고 싶을 때는「た형 + そうだ」로 만들어 보세요!

い형용사

ランニングはストレス解消(かいしょう)にもいいそうなので、早速(さっそく)始(はじ)めるつもりです。
러닝은 스트레스 해소에도 좋다고 해서 바로 시작하려고요.

な형용사

このお店(みせ)、すごく人気(にんき)のお店(みせ)で、SNS(エスエヌエス)で有名(ゆうめい)だそうですよ。
이 가게 무척 인기 있는 가게라서 SNS에서 유명하대요.

명사

このドラマ、ランキング1位(いち)のドラマだそうですよ。
이 드라마, 랭킹 1위를 한 드라마래요.

POINT!
상대방한테 정보를 알려 줄 때 사용하기 때문에 종조사「よ」와 함께 쓰기 좋아요!

단어 Check!

- □ 先(さき) 앞, 앞쪽
- □ みなさん 여러분
- □ 住(す)む 살다, 거주하다
- □ 解消(かいしょう) 해소
- □ 古代(こだい) 고대
- □ ~ずに ~지 않고
- □ ランニング 러닝
- □ すごく 꽤, 무척
- □ 遺跡(いせき) 유적
- □ 昔(むかし) 옛날, 옛날에
- □ ストレス 스트레스
- □ ランキング一(いち)位(い) 랭킹 1위

27 〜らしい (~대, ~래)

この 森 に は 魔物 が 出る**らしい**。
もり　　　まもの　　で

이 숲에는 마물이 나온대.

이 숲에 마물이 나온다는 이야기를 듣고 말하는 장면에서 쓰이는 대사입니다. 소문 등으로 불확실하게 알고 있는 내용을 다른 사람한테 전할 때 사용해요. 직접 경험한 것을 표현할 경우에는 못 쓰니까 주의해 주세요! 「〜らしい」는 '~답다'라는 뜻도 있으니, 헷갈리지 않도록 유의하세요.

애니 속 그 말, 이렇게 만든다!

동사	着く 도착하다	→	着くらしい 도착한대
	増えてる 늘고 있다	→	増えてるらしい 늘어나고 있대
명사	行列 긴 줄	→	行列らしい 줄이 길대
い형용사	面白い 재미있다	→	面白いらしい 재미있대

뒤에 + らしい 붙이기!

な형용사	便利だ 편리하다	→	便利らしい 편리하대

끝 글자를 빼고 + らしい 붙이기!

현실에선 이렇게 말한다!

동사

田中さん、もうすぐ着くらしいです。
다나카 씨, 이제 곧 도착한대요.

POINT!
문자나 전화를 받고, 다른 사람에게 상황을 전할 때 「〜らしい」를 사용하면 자연스러워요. 직접 들은 내용이라도 이렇게 살짝 돌려 말하면 회화에서 더 부드러운 인상을 줄 수 있어요.

最近結婚しない人が増えてるらしいですよ。
요새 결혼을 안 하는 사람이 늘어나고 있대요.

명사

ここ人気のお店でいつも行列らしいよ。
여기 인기 많은 가게라 항상 줄 서 있대요.

POINT!
「〜そうだ」는 누구한테 들은 이야기를 출처로 하지만, 「〜らしい」는 소문이나 정황 등 출처가 더 폭넓은 정보를 전할 때 사용해요.

い형용사

そういえばさ、このアニメ見た？結構面白いらしいよ。
근데 있잖아. 이 애니 봤어? 꽤 재밌대.

POINT!
「〜さ」는 갑자기 이야기를 꺼내거나 주제를 바꾸고 싶을 때 친구 사이에서 자주 사용하는 표현이에요. 어떤 단어에도 뒤에 「さ」를 붙이면 되는데 어디에 붙일지는 사람마다 달라요. 잘 관찰해 보면 재밌을 거예요. 이런 대화를 시작하는 방법을 배우면 많이 도움이 되니까 적극적으로 써 보세요!

な형용사

このアプリ、便利らしいけど、知ってる？
이 앱 편리하다던데, 알고 있어?

 **단어 Check!**

- 森(もり) 숲
- もうすぐ 이제 곧
- 増(ふ)える 늘어나다
- アプリ 앱
- 魔物(まもの) 마물, 요괴, 악마
- 着(つ)く 도착하다
- そういえば 그러고보니
- 便利(べんり)だ 편리하다
- 出(で)る 나오[가]다
- 結婚(けっこん)する 결혼하다
- アニメ 애니
- 知(し)ってる 알고있다(知っている의 줄임말)

28 ~そうだ (곧 ~할 것 같다, ~해 보인다)

あいつめっちゃ強(つよ)そうだな。

저 녀석 엄청 강해 보이는데?

 주인공이 적을 마주했는데 분위기만 보고 강할 것 같다는 속마음이 나오는 장면에서 쓰이는 대사입니다. 직접 본 인상, 느낌을 바탕으로 추측할 때 사용하는 표현이에요. 이 표현은 동사에 붙을 때와 형용사에 붙을 때 뜻이 달라지니까 주의해야 합니다. 동사에 붙을 때는 어떤 상황을 보고 '곧 ~할 것 같다'는 뜻이고, 형용사에 붙을 때는 '~해 보인다'입니다. (26번 「~そうだ」(~라고 한다)와 헷갈리지 않게 주의하세요!)

 애니 속 그 말, 이렇게 만든다!

동사
곧 ~할 것 같다

降(ふ)る → 降(ふ)りそうだ
(비, 눈이) 내리다 (비, 눈이) 내릴 것 같다

泣(な)く → 泣(な)きそうだ
울다 울 것 같다

> ます형 뒤에 + そうだ 붙이기!

형용사
~해 보인다

元気(げんき)だ → 元気(げんき)そうだ
건강하다 건강해 보인다

おいしい → おいしそうだ
맛있다 맛있어 보인다 / 맛있겠다

辛(から)くない → 辛(から)くなさそうだ
맵지 않다 맵지 않아 보인다

예외
ない(없다)는 なさそうだ(없어 보인다)로, いい(좋다)는 よさそうだ(좋아 보인다)로 바뀝니다.

> 끝 글자를 빼고 + そうだ 붙이기!

현실에선 이렇게 말한다!

동사

雨が降りそうだったので、傘を持ってきました。
비가 올 것 같아서 우산을 챙겨 왔어요.

やばい…感動して泣きそう。
대박… 감동해서 울 것 같아.

POINT!
「やばい」는 원래 뜻은 '위험해'지만, 요즘에는 '대박'처럼 감탄사로도 쓰입니다.

형용사

元気そうでよかった！
잘 지내는 것 같아서 다행이야!

このケーキ、ふわふわでおいしそう〜！
이 케이크, 폭신폭신하고 맛있겠다~!

あんまり辛くなさそうだったけど、めっちゃ辛かった…。
별로 안 매워 보였는데 엄청 매웠어….

～そうだ
곧 ~할 것 같다, ~해 보인다

- めっちゃ 엄청
- やばい 대박
- ケーキ 케이크
- よかった 다행이다
- 強(つよ)い 강하다
- 感動(かんどう)する 감동하다
- ふわふわ 폭신폭신
- あんまり[+부정형] 별로 ~지 않다
- 持(も)つ 들다, 가지다
- 泣(な)く 울다
- 元気(げんき)だ 힘이 넘치다, 잘 지내다
- 辛(から)い 맵다

29 〜みたいだ / 〜ようだ (~인 것 같다, ~인가 보다)

どうやら罠(わな)だらけみたいだ。

아무래도 함정투성이인 것 같다.

주인공이 던전에 들어서자마자 함정임을 직감하고 혼잣말을 하는 장면입니다. 어떤 상황을 바탕으로 내가 추측할 때 사용해요. 다시 말해 '이러이러한 이유 때문에 이렇게 추측해!'와 같은 식으로 근거나 판단의 흐름이 있으면 쓸 수 있는 표현이랍니다. 참고로 「〜みたいだ」는 회화체, 「〜ようだ」는 문어체예요!

 애니 속 그 말, 이렇게 만든다!

동사
来(く)る → 来(く)るみたいだ / 来(く)るようだ
오다   오나 보다

降(ふ)る → 降(ふ)ったみたいだ / 降(ふ)ったようだ
(비, 눈이) 내리다   (비, 눈이) 내렸나 보다

い형용사
難(むずか)しかった → 難(むずか)しかったみたいだ / 難(むずか)しかったようだ
어려웠다   어려웠나 보다

> 뒤에 +みたいだ 또는 +ようだ 붙이기!

な형용사
好(す)きだ → 好(す)きみたいだ / 好(す)きなようだ
좋아하다   좋아하나 보다

> 끝 글자를 빼고 +みたいだ 또는 +なようだ 붙이기!

명사
休(やす)み → 休(やす)みみたいだ / 休(やす)みのようだ
쉬는 날   쉬는 날인가 보다

> 뒤에 +みたいだ 또는 +のようだ 붙이기!

주의!
な형용사와 명사는 みたいだ와 ようだ의 접속 형태가 다른 것에 주의!

현실에선 이렇게 말한다! ※회화체「〜みたいだ」로 연습해 볼게요!

동사

荷物、あとで来るみたいですよ。

택배는 이따가 오나 봐요.

POINT!
들은 이야기를 전달하는 방법으로「〜みたい」를 쓸 수 있는데요, 그럴 때는 종조사 よ를 붙여 말하면 자연스러워요!

雨降ったみたいだね。道が濡れてる。

비가 왔나 보네. 길이 젖어 있어.

い형용사

今年の問題、かなり難しかったみたいだね。

올해 문제 꽤 어려웠나 봐.

な형용사

鈴木さん、アイドルが好きみたいですね。

스즈키 씨, 아이돌을 좋아하나 봐요.

명사

お店閉まってるね。今日休みみたい…残念！

가게 문이 닫혔네. 오늘 쉬는 날인가 봐… 아쉽다!

~みたいだ・~ようだ

~인 것 같다, ~인가 보다

단어 Check!

- どうやら 아무래도, 간신히
- 荷物(にもつ) 짐
- 今年(ことし) 올해
- 難(むずか)しい 어렵다
- 罠(わな) 덫, 함정
- 道(みち) 길
- 問題(もんだい) 문제
- アイドル 아이돌
- ~だらけ ~투성이
- 濡(ぬ)れる 젖다
- かなり 꽤, 제법
- 残念(ざんねん)だ 아쉽다

30 ～と思う (~라고 생각한다, ~일 것 같아)

きっと役に立つと思う。

> 분명 도움이 될 거라고 생각해.

던전에서 쓸모 있어 보이는 아이템을 발견한 주인공이 동료에게 말하는 장면에서 쓰이는 대사입니다. 자신의 생각이나 추측, 판단을 말할 때 쓰는 표현이에요. 그런데 '~라고 생각한다'라고 해석하면 어색한 경우가 있어요. 그럴 때는 '~일 것 같아'로 해석하면 더 자연스럽습니다.

애니 속 그 말, 이렇게 만든다!

동사	似合う 어울리다	→	似合うと思う 어울린다고 생각해
い형용사	いい 좋다	→	いいと思う 좋다고 생각해
	悪くなかった 나쁘지 않았다	→	悪くなかったと思う 나쁘지 않았다고 생각해
な형용사	必要だ 필요하다	→	必要だと思う 필요하다고 생각해

> 뒤에 + と思う 붙이기!

명사	いいアイデア 좋은 아이디어	→	いいアイデアだと思う 좋은 아이디어라고 생각해

> 뒤에 + だと思う 붙이기!

현실에선 이렇게 말한다!

동사

こっちのほうが似合うと思ったけど、どう？
이쪽이 더 어울린다고 생각했는데, 어때?

い형용사

私はいいと思いますけど、皆さんはどうですか？
저는 좋다고 생각하는데, 여러분은 어때요?

うーん、思ったより悪くなかったと思う。
음… 생각보다 나쁘지 않았다고 생각해.

な형용사

個人的に、もう少し工夫が必要だと思います。
개인적으로 조금 더 개선이 필요하다고 생각해요.

POINT!

「工夫(くふう)」라는 단어는 일본에서 자주 쓰는 말이에요. 의미는 어떤 문제를 해결하기 위한 '개선/아이디어'로 이해하면 좋아요. 한국어로 딱 맞는 단어가 없으니 상황으로 기억해 주세요!

명사

そうですね。僕もいいアイデアだと思います。
그렇네요. 저도 좋은 아이디어라고 생각해요.

~と思う / ~라고 생각한다

단어 Check!

- □ きっと 꼭, 반드시
- □ ほう 쪽, 편, 방면
- □ 個人的(こじんてき)に 개인적으로
- □ 必要(ひつよう)だ 필요하다
- □ 役(やく)に立(た)つ 도움이 되다
- □ 似合(にあ)う 어울리다
- □ もう少(すこ)し 조금 더
- □ そうですね 그렇네요
- □ こっち 이쪽
- □ 悪(わる)い 나쁘다
- □ 工夫(くふう) 개선, 노하우(지혜)
- □ アイデア 아이디어

31 〜かもしれない (~일지도 모른다, ~일 수도 있다)

ここに秘密(ひみつ)があるかもしれない。

여기에 비밀이 있을지도 모른다.

주인공이 던전의 수상한 벽을 발견하고 뭔가 숨겨져 있을 것 같은 느낌을 받은 장면에서 쓰이는 대사입니다. 확신은 없지만 어느 정도 가능성이 있을 때 자주 사용하는 표현이에요. 실제 회화에서는 「〜かも」처럼 짧게 줄여서 말하는 경우가 많아요. 그런데 이러면 반말이 되니까 주의하세요!

애니 속 그 말, 이렇게 만든다!

동사	遅(おく)れる 늦다	→	遅(おく)れるかもしれない 늦을지도 모른다 / 늦을 수도 있다
	並(なら)ぶ 줄서다	→	並(なら)ぶかもしれない 줄 설지도 모른다 / 줄 설 수도 있다
명사	天才(てんさい) 천재	→	天才(てんさい)かもしれない 천재일지도 모른다 / 천재일 수도 있다
い형용사	寒(さむ)い 춥다	→	寒(さむ)いかもしれない 추울지도 모른다 / 추울 수도 있다

뒤에 + かもしれない 붙이기!

な형용사	簡単(かんたん)だ 쉽다, 간단하다	→	簡単(かんたん)かもしれない 쉬울지도 모른다 / 쉬울 수도 있다

끝 글자를 빼고 + かもしれない 붙이기!

현실에선 이렇게 말한다!

~かもしれない
~일지도 모른다, ~일 수도 있다

동사

ごめん、ちょっと到着(とうちゃく)遅れるかも。
미안 조금 도착이 늦을지도.

並(なら)ぶかもしれないので、早(はや)めに出発(しゅっぱつ)しましょう。
줄 설 수도 있으니까 일찍 출발해요.

명사

確(たし)かに、天才(てんさい)かもですね。
하긴 천재일 수도 있겠네요.

POINT!
「~かもです」는 일상 회화에서는 자주 쓰는 표현이에요. 특히 젊은 사람이 많이 쓰는 말이기 때문에, 공식적인 자리보다는 친구나 가까운 사람과의 가벼운 대화에서 사용하는 걸 추천해요!

い형용사

寒(さむ)いかもしれないから、上着(うわぎ)持ってきたほうがいいかも!
추울 수도 있으니까 겉옷 가져오는 게 좋을지도!

な형용사

もしかしたらちょっと簡単(かんたん)かもしれません。
혹시나 조금 쉬울 수도 있어요.

단어 Check!

- □ 到着(とうちゃく) 도착
- □ 早(はや)めに 일찍
- □ 上着(うわぎ) 겉옷
- □ 簡単(かんたん)だ 간단하다
- □ 遅(おく)れる 늦어지다
- □ 出発(しゅっぱつ)する 출발하다
- □ 持(も)ってくる 가져오다
- □ 確(たし)かに 하긴, 확실히
- □ 並(なら)ぶ 줄 서다
- □ 寒(さむ)い 춥다
- □ もしかしたら 혹시나, 어쩌면
- □ 天才(てんさい) 천재

My story

언어를 공부하면 받을 수 있는 최고의 선물

언어 공부를 굳이 왜 해야 할까요?

챗GPT를 비롯한 AI가 등장하고 나서 번역이나 통역 분야에서 혁명이 일어났죠.

내가 원하는 언어로 바로 번역해 주고 영어 영상도 바로 내 언어로 요약해 주고.

그렇다면 우리는 왜 언어를 공부할까요?

저는 한국어를 공부하고 받은 최고의 선물은
'내 노력의 기쁨'이라 생각해요.

==아무리 AI가 발달해도 내가 노력한 이 과정은 절대 생산하지 못하며,==
==내 입으로 직접 그 언어를 말하고 내 귀로 직접 이해하는==
==기쁨은 생산하지 못합니다.==

내 스스로가 노력한 결과는 나만 누울 수 있는 기쁨의 들판이라 할까요.

처음엔 작은 들판일 거예요.

그렇지만 공부를 계속하면 할수록 들판의 면적은 넓어지고, 언젠가 펼쳐진 기쁨의 들판 위에 온전히 누울 수 있는 날이 와요.

AI가 절대 만들지 못하는 기쁨의 들판 ——
그 들판에 누워 있는 순간은 내가 나에게 주는 최고의 선물이 아닐까요?

제 6화

갑자기 나타난 아군…?

주고 받기 관련 표현

32 特別にヒントをあげるわ。。
특별히 힌트를 줄게.

33 教えてあげたんだから当然でしょ？
가르쳐 줬으니까 당연하잖아?

34 それ、早く言ってくれる？
그거, 좀 더 일찍 말해 줄래?

35 そろそろ白状してもらおうか。
슬슬 자백해 주시지?

36 君のおかげだな。
네 덕분이야.

37 全部俺のせいだ…
전부 내 탓이야……

| My story |
당신을 더 돋보이게 하는 디테일의 힘

32 あげる・くれる / もらう (주다 / 받다)

特(とく)別(べつ)にヒントをあげるわ。

특별히 힌트를 줄게.

던전에 갑자기 등장한 안내 고양이가 주인공에게 가이드를 하는 장면에서 쓰이는 대사입니다. 쉬워 보이지만 잘 이해해야 하는 중요한 표현이에요! '누가 누구한테 주는가/받는가'에 따라 다음 세 가지 표현으로 나뉘어요.

 애니 속 그 말, 이렇게 만든다!

| 주다1
나→남
남→남 | あげる
주다 | → | プレゼントをあげる
(누군가가) 선물을 주다 |

| 주다2
남→나 | くれる
주다 | → | プレゼントをくれる
선물을 (나에게) 주다 |

| 받다
나←남
남←남 | もらう
받다 | → | プレゼントをもらう
(누군가가) 선물을 받다 |

POINT!
기본적으로 줄 때는 「あげる」, 받을 때는 「もらう」를 씁니다.
여기까지는 한국어와 비슷하지만, 남이 나에게 줄 때는 「くれる」라는 별도의 표현을 사용해요. 「くれる」의 경우 한국어에는 없는 개념이기 때문에 처음엔 복잡하게 느껴질 수 있어요. 중요한 건 행위의 중심이 누구인가를 파악하는 것! 예문을 보면서 감을 익혀 보세요.

현실에선 이렇게 말한다!

あげる・くれる／もらう

주다 ／ 받다

주다1 誕生日(たんじょうび)プレゼント何(なに)あげるの?

생일 선물, 뭐 줄거야?

주다1 バレンタインデーにチョコあげたことありますか?

발렌타인(데이) 때 초콜릿을 준 적 있어요?

POINT!
한국과 마찬가지로, 일본에서도 일상에서는 '발렌타인데이(バレンタインデー)' 대신 '발렌타인(バレンタイン)'이라고 줄여 말하는 경우가 많아요.

주다2 え、くれるんですか?

헉, (저) 주시는 거예요?

받다 これはお土産(みやげ)でもらったものです。

이건 기념품으로 받은 거예요.

POINT!
이 문장처럼 누구한테 받은 것인지 알 수 없는 경우가 있습니다. 이런 경우, '받았다'는 사실에 초점이 맞춰집니다.

いいですね。誰(だれ)にもらったんですか?

좋네요. 누구한테 받은 거예요?

 **단어 Check!**

- □ 特別(とくべつ)に 특별히
- □ プレゼント 선물
- □ チョコ 초콜릿
- □ お土産(みやげ) 기념품
- □ ヒント 힌트
- □ ~の? ~거야?
- □ ~たことある ~한 적 있다
- □ いいですね 좋네요
- □ 誕生日(たんじょうび) 생일
- □ バレンタイン(デー) 발렌타인(데이)
- □ ~んですか? ~거예요?
- □ 誰(だれ) 누구

33 〜てあげる ((남을 위해) ~해 주다)

教_{おし}えてあげたんだから当_{とう}然_{ぜん}でしょ。

가르쳐 줬으니까 당연하잖아?

주인공에게 안내를 해 준 고양이가 뻔뻔하게 말하는 장면에서 쓰이는 대사입니다. 호의를 베푼다는 뉘앙스가 있어서 친구나 연인처럼 친한 사이 또는 후배에게 사용하는 게 자연스러워요. 내가 남한테 해 주거나 남이 남한테 해 주는 상황에서 사용돼요!

애니 속 그 말, 이렇게 만든다!

동사

予_よ約_{やく}する → 予_よ約_{やく}してあげる
예약하다 / 예약해 주다

来_くる → 来_きてあげる
오다 / 와 주다

閉_しめる → 閉_しめてあげる
닫다 / 닫아 주다

見_みせる → 見_みせてあげる
보이다 / 보여 주다

起_おこす → 起_おこしてあげる
깨우다 / 깨워 주다

て형으로 바꾸고 + あげる 붙이기!

현실에선 이렇게 말한다!

~てあげる

(남을 위해) ~해 주다

(동사)

僕が代わりに予約してあげてもいいけど。
내가 대신 예약해 줘도 되는데.

せっかく来てあげたのに、反応薄くない?
일부러 와 줬는데 반응이 미지근한 거 아니야?

寒そうだったので、窓を閉めてあげました。
추워 보여서 창문을 닫아 줬어요.

ノート見せてあげよっか?
노트 보여 줄까?

POINT!
원래는「〜てあげようか?」지만 친한 사이에서는「〜てあげよっか?」라고 말해요.
자주 쓰는 표현이라 통째로 외워도 좋을 것 같아요.

明日7時に起こしてあげよっか?
내일 7시에 깨워 줄까?

POINT!
'해 준다'는 뜻이라 잘못 쓰면 건방지게 들릴 수 있으니 조심하세요!

 **단어 Check!**

- 教(おし)える 가르치다, 알려주다
- 代(か)わりに 대신에
- 反応(はんのう) 반응
- ノート 노트
- 当然(とうぜん)だ 당연하다
- 予約(よやく)する 예약하다
- 薄(うす)い 싱겁다, 얇다
- 見(み)せる 보여 주다
- ~けど ~지만
- せっかく 일부러, 애써서
- 寒(さむ)い 춥다
- 起(お)こす 깨우다

34 〜てくれる ((나를 위해) ~해 주다)

それ、早(はや)く言(い)ってくれる？

> 그거, 일찍 말해 줄래?

고생한 끝에 힌트를 받은 주인공이 살짝 귀엽게 짜증 내는 장면에서 쓰이는 대사입니다. 상대방이 나에게 무언가를 해 주는 행위를 표현할 때 사용하며, 기본적으로 고마운 감정이 포함되어 있는 경우가 많아요. 앞에서 배운「くれる」는 '나에게 주다'라는 개념으로, 한국어에는 없는 표현이에요. 하지만「〜てくれる」는 한국어 '~해 주다'와 같은 개념이라 이해하기 쉬울 거예요!

 애니 속 그 말, 이렇게 만든다!

동사

説明(せつめい)する	→	説明(せつめい)してくれる
설명하다		설명해 주다

来(く)る	→	来(き)てくれる
오다		와 주다

捨(す)てる	→	捨(す)ててくれる
버리다		버려 주다

教(おし)える	→	教(おし)えてくれる
가르치다		가르쳐 주다

送(おく)る	→	送(おく)ってくれる
보내다		보내 주다

> て형으로 바꾸고 + くれる 붙이기!

현실에선 이렇게 말한다!

~てくれる

(나를 위해) ~해 주다

> 동사

一生懸命説明してくれたけど、正直全然分からなかった。
열심히 설명해 줬는데 솔직히 전혀 이해를 못 했다.

今日は来てくれてありがとね!
오늘은 와 줘서 고마워!

POINT!
「ありがとね」는 친구나 친한 사람에게 따뜻하고 친근하게 고마움을 전할 때 자주 써요.

ゴミ捨ててくれたの?ありがとー!
쓰레기 버려 준 거야? 고마워!

あの先生は分かりやすく教えてくれるので、好きです。
저 선생님은 알기 쉽게 가르쳐 줘서 좋아요.

ねぇねぇ、駅まで送ってくれない?
있잖아, 역까지 데려다 줄래?

POINT!
친구한테 말을 걸 때「ねぇねぇ」라는 표현을 자주 써요.

 **단어 Check!**

- □ 早(はや)く 빨리, 일찍
- □ 全然(ぜんぜん) 전혀
- □ 捨(す)てる 버리다
- □ 教(おし)える 가르치다, 알려 주다
- □ 言(い)う 말하다
- □ 分(わ)からない 모른다, 이해가 안 된다
- □ あの[+명사] 저~
- □ ねぇ 있잖아
- □ 正直(しょうじき) 솔직히
- □ ゴミ 쓰레기
- □ [동사 ます형] + やすい ~하기 쉽다
- □ 送(おく)る 보내다, 데려다주다

35 〜てもらう (~해 주다)

そろそろ白状(はくじょう)してもらおうか。

슬슬 자백해 주시지?

진실을 말하도록 살짝 위협 섞인 분위기로 말하는 장면에서 쓰이는 대사입니다. 누군가가 나를 위해 어떤 행동을 해 주는 것을 받는 입장에서 말할 때 써요. 직역하면 '~해 받다'지만, 한국어에서는 어색하기 때문에 자연스럽게 '~해 주다'로 옮깁니다. 의도적으로 부탁하거나, 어떤 상황을 유도할 때도 쓰입니다. 한국어에는 없는 표현이니 번역이 아닌 상황으로 잘 이해해 보세요!

애니 속 그 말, 이렇게 만든다!

동사		
確認(かくにん)する 확인하다	→	確認(かくにん)してもらう (남이) 확인해 주다
来(く)る 오다	→	来(き)てもらう (남이) 와 주다
閉(し)める 닫다	→	閉(し)めてもらう (남이) 닫아 주다
開(あ)ける 열다	→	開(あ)けてもらう (남이) 열어 주다
送(おく)る 보내다	→	送(おく)ってもらう (남이) 보내 주다

て형으로 바꾸고 + もらう 붙이기!

현실에선 이렇게 말한다!

〜てもらう 〜해 주다

동사

すいません、一度(いちど)確認(かくにん)してもらってもいいですか？
죄송한데 한번 확인해 주실 수 있을까요?

わざわざ来(き)てもらって、すいません。
일부러 와 주셔서 감사해요.

POINT!
「すいません」은「すみません」의 회화체 표현이에요.

ちょっと寒(さむ)くて…窓(まど)閉(し)めてもらえますか？
좀 추워서… 창문 닫아 주실 수 있을까요?

ごめん、ちょっとドア開(あ)けててもらえる？
미안, 잠깐 문 열어 놔 줄 수 있어?

POINT!
「〜ておいてもらえる？」를 줄여서「〜ててもらえる？」라고 할 수 있어요. 실제 회화에서 자주 쓰니까 기억해 두세요!

さっき撮(と)った写真(しゃしん)送(おく)ってもらってもいい？
아까 찍은 사진 보내 줄 수 있어?

단어 Check!

- □ そろそろ 슬슬
- □ 一度(いちど) 한 번
- □ 〜て 〜해서(이유)
- □ さっき 아까
- □ 白状(はくじょう)する 자백하다
- □ わざわざ 일부러, 굳이
- □ 閉(し)める 닫다
- □ 撮(と)る 찍다
- □ すいません 죄송합니다
- □ ちょっと 좀, 잠깐
- □ 開(あ)ける 열다
- □ 写真(しゃしん) 사진

36 〜おかげ (~덕분)

君のおかげだな。
네 덕분이야.

동료 덕분에 위기를 넘긴 주인공이 고맙다고 말하는 장면에서 쓰이는 대사입니다. 어떤 좋은 결과가 생겼을 때, 누군가의 도움이나 좋은 영향 때문에 그 일이 일어났다고 말할 때 사용하는 표현입니다. 보통 뒤에 で를 붙여서 「〜おかげで」(~덕분에) 형태로 자주 써요.

 애니 속 그 말, 이렇게 만든다!

명사

渡辺さん → 渡辺さんのおかげ
와타나베 씨   와타나베 씨 덕분

AI → AIのおかげ
AI   AI 덕분

뒤에 + のおかげ 붙이기!

동사

笑う → 笑ったおかげ
웃다   웃은 덕분

聞いてもらう → 聞いてもらったおかげ
들어 주다   들어 준 덕분

た형으로 바꾸고 + おかげ 붙이기!

관용 표현

おかげさまで
덕분에

현실에선 이렇게 말한다!

명사1

渡辺さんのおかげで助かったわ。ありがとう。
와타나베 씨 덕분에 살았어. 고마워.

POINT!
「〜わ」는 일반적으로 여성스러운 말투로 알려져 있지만, 남자도 친한 친구 사이에서 장난스럽거나 감정이 실린 말투로 쓸 때가 있어요. 「〜よ」 대신 쓴다고 생각하시면 좋아요.

AIのおかげで仕事の効率が爆上がりしたと思います。
AI 덕분에 업무 효율이 엄청나게 올라갔다고 생각해요.

POINT!
일본어에서 「爆(ばく)〜」는 최근 회화에서 '대박', '엄청나게', '매우'라는 뜻을 가진 접두사처럼 사용돼요. 「爆発的に」(폭발적으로)에서 유래했고, 단어 앞에 이 표현이 붙으면 어떤 행동이나 상태가 폭발하듯이 극심하다는 느낌을 줘요. 한국어의 '폭풍'을 앞에 붙여서 쓰는 표현들과 의미가 비슷하죠. 일상적으로는 「爆笑(ばくしょう)」(엄청 웃김), 「爆睡(ばくすい)する」(꿀잠 자다), 「爆買(ばくが)い」(폭풍 쇼핑) 같은 단어도 많이 써요!

동사

いっぱい笑ったおかげで、元気になりました。
많이 웃은 덕분에 기운이 났어요.

悩みを聞いてもらったおかげで、気持ちが軽くなりました。
고민을 들어 준 덕분에 마음이 가벼워졌어요.

관용 표현

おかげさまで無事到着しました。ありがとうございました。
덕분에 무사히 도착했습니다. 감사합니다.

단어 Check!

- 君(きみ) 그대, 자네, 너
- 効率(こうりつ) 효율
- 元気(げんき)になる 기운 나다, 건강해지다
- 軽(かる)い 가볍다
- 助(たす)かる 살아나다, 구조되다, 편해지다
- 爆上(ばくあ)がりする 엄청나게 올라가다
- 悩(なや)み 고민
- おかげさまで 덕분에
- 仕事(しごと) 일
- 笑(わら)う 웃다
- 気持(きも)ち 마음
- 無事(ぶじ) 무사

37 〜せい (〜탓)

全部俺(ぜんぶおれ)のせいだ…。

전부 내 탓이야….

주인공이 실패에 대해 책임을 느끼고 있는 장면에서 쓰이는 대사입니다. 「〜おかげで」가 긍정적인 결과의 원인이라면, 「〜せいで」는 부정적인 결과의 원인을 나타낼 때 사용돼요.

애니 속 그 말, 이렇게 만든다!

명사

蚊(か) → 蚊(か)のせい
모기 → 모기 탓

自分(じぶん) → 自分(じぶん)のせい
자기 자신, 나 → 내 탓

ストレス → ストレスのせい
스트레스 → 스트레스 탓

뒤에 + のせい 붙이기!

동사

食(た)べすぎる → 食(た)べすぎたせい
과식하다 → 과식한 탓

飲(の)みすぎる → 飲(の)みすぎたせい
과음하다 → 과음한 탓

た형으로 바꾸고 + せい 붙이기!

현실에선 이렇게 말한다!

명사

昨日蚊のせいで寝れなくて睡眠不足です。
어제 모기 때문에 잠을 못 자서 수면 부족이에요.

完全に自分のせいですね。すいません。
완전히 제 잘못이네요. 죄송합니다.

POINT!
'나'라는 의미로「自分(じぶん)」이라고 하는데 일반적으로 남성이 더 자주 사용하는 표현입니다. 특히 캐주얼한 상황이거나 스포츠, 군대, 경찰 같은 조직 문화에서 자주 들을 수 있어요.

ストレスのせいで太った気がします。
스트레스 때문에 살이 찐 것 같아요.

동사

お腹痛いのは食べすぎたせいだと思います。
배 아픈 건 너무 많이 먹어서 그런 것 같아요.

昨日飲みすぎたせいで、頭が痛いです。
어제 술을 너무 많이 마셔서 머리가 아파요.

~せい

~탓

 **단어 Check!**

□ 全部(ぜんぶ) 전부
□ 寝(ね)れない 못 자다
□ 自分(じぶん) 자기 자신, 나
□ 気(き)がする 생각(느낌)이 들다
□ 俺(おれ) 나(남성어)
□ 睡眠不足(すいみんぶそく) 수면 부족
□ ストレス 스트레스
□ お腹(なか)が痛(いた)い 배가 아프다
□ 蚊(か) 모기
□ 完全(かんぜん)に 완전히
□ 太(ふと)る 살찌다
□ 頭(あたま) 머리

My story

당신을 더 돋보이게 하는 디테일의 힘

언어가 보물상자처럼 느껴질 때가 있어요.

누구나 그냥 열면 아이템을 얻을 수 있는데
더 섬세하게 찾으면 뒤에 비밀 아이템을 발견해
다른 모험자가 못 본 아이템을 발견하죠.

일본어는 겉으로 보기엔 한국어와 정말 비슷하고
공부하기 쉬운 건 맞아요.

그치만 공부를 깊게 섬세하게 관찰하다 보면
디테일이 보이면서 다른 점들이 하나씩 보이기 시작해요.

그 때 어렵다고 안 보려고 하는 사람도 있는데
저는 이런 디테일을 발견하는 게 제일 재밌었어요.

==발음 하나하나의 디테일,==
==동사 사용법의 디테일.==
==이런 디테일들을 하나하나 아이템을 모으듯이 모아보세요.==

어느새 디테일 부자가 되면서
압도적인 언어 실력을 얻게 돼요.

이왕 공부하는거 그냥 지나가면 너무 아까워요.

잘 관찰하고 디테일을 즐길 수만 있다면
일본어 공부는 무서울 게 없어요.

제 7화
의무감의 저주에 걸린 이유
의무와 ん 표현

38	指示に従わなければなりません。 지시를 따라야 합니다.	42	本当にやるんですか？ 정말 하실 건가요？
39	やらないといけない理由がある。 해야만 하는 이유가 있어.	43	絶対クリアしなきゃいけないんです！ 반드시 클리어해야 하거든요！
40	まずはここを抜けださなくちゃ。 우선 여길 빠져나가야 해.	44	最初はそう思ってたんだがな… 처음엔 그렇게 생각했었는데 말이지…
41	早く伝えなきゃ…！ 빨리 전해야 해…！		

My story
공부하다 만나는 나만의 별똥별

38 〜なければならない (~해야 한다)

指示に従わなければなりません。
_{し　じ} _{したが}

지시를 따라야 합니다.

주인공이 던전에 존재하는 규칙을 따라야만 살 수 있다는 것을 알게되는 장면에서 쓰이는 대사입니다. 이 표현은 직역하면 「~하지 않으면 안된다」, 즉 「~해야 한다」는 뜻이에요. 비슷한 표현으로 「~なくてはいけない」, 「~なくてはならない」, 「~なければいけない」 가 있는데요, 겉보기에는 비슷해도 조합에 따라 격식 정도와 말투의 부드러움이 조금씩 다르니 원리를 알아보아요! 참고로 회화보단 뉴스 같은 데서 자주 쓰이니 듣고 이해하는 정도만 알아도 충분합니다.

애니 속 그 말, 이렇게 만든다!

조합1
なくては + いけない

努力する → 努力しなくてはいけない
_{どりょく}　　　　_{どりょく}
노력하다　　　　　노력해야 한다

조합2
なくては + ならない

守る → 守らなくてはならない
_{まも}　　_{まも}
지키다　　　지켜야 한다

조합3
なければ + いけない

納める → 納めなければいけない
_{おさ}　　　_{おさ}
납부하다　　　납부해야 한다

조합4
なければ + ならない

参加する → 参加しなければならない
_{さんか}　　　　_{さんか}
참가하다　　　　참가해야 한다

ない형 어간 뒤에 + 조합 붙이기!

POINT!
'하지 않으면'이라는 의미는 「なければ > なくては」 순으로,
'안 된다'는 의미는 「ならない > いけない」 순으로 딱딱한 뉘앙스예요.

현실에선 이렇게 말한다!

조합1
なくては + いけない

地球温暖化を止めるために、努力しなくてはいけないと思います。

지구 온난화를 막기 위해 노력해야 한다고 생각해요.

POINT!
개인적인 의견이나 일상적인 상황에서 자연스럽게 사용됩니다. 많이 딱딱한 뉘앙스는 아니기 때문에 발표 중 자신의 생각을 말할 때도 적합해요.

조합2
なくては + ならない

その国のマナーを守らなくてはなりません。

그 국가의 예절을 지켜야만 합니다.

POINT!
사회적 규칙이나 도덕적 의무를 말할 때 쓰입니다. 뉴스나 연설처럼 딱딱한 문맥에 잘 어울려요.

조합3
なければ + いけない

国民は税金を納めなければいけないと決められています。

국민은 세금을 납부해야 한다고 정해져 있어요.

POINT!
정해진 규칙, 제도, 법률 등 공식적인 문장에서 쓰입니다. 문서나 안내문에 자주 등장해요.

조합4
なければ + ならない

すべての社員はこの研修に参加しなければなりません。

모든 직원은 이 연수에 참가해야 합니다.

POINT!
가장 격식 있고 엄격한 느낌을 주는 표현입니다. 정부 발표나 비즈니스 보고서처럼 형식적인 자리에서 자주 사용돼요.

~なければならない / ~해야 한다

단어 Check!

- ☐ 地球温暖化(ちきゅうおんだんか) 지구 온난화
- ☐ 努力(どりょく) 노력
- ☐ 国(くに) 나라
- ☐ マナー 매너
- ☐ 守(まも)る 지키다
- ☐ 国民(こくみん) 국민
- ☐ 税金(ぜいきん)を納(おさ)める 세금을 납부하다
- ☐ 決(き)められている 정해져 있다
- ☐ すべて 모두
- ☐ 社員(しゃいん) 사원
- ☐ 研修(けんしゅう) 연수
- ☐ 参加(さんか)する 참가하다

39 〜ないといけない (반드시 ~해야만 한다)

やらないといけない理由がある。

해야만 하는 이유가 있어.

주인공이 의무감을 가지게 된 계기를 회고하는 장면에서 쓰이는 대사입니다. 일상 회화에서는 「〜なければならない」시리즈보다 훨씬 자주 쓰이고 더 부드러운 느낌이 납니다. 이 표현 또한 직역하면 '~하지 않으면 안 된다'지만, 실제로는 '~해야 한다'라고 생각하면 좋아요! 다만 회화형으로는 「ないと + ならない」의 조합은 없으니 주의하세요! 「〜ないと」는「〜ないといけない」의 축약형으로, 혼잣말 또는 캐주얼한 상황에서 자주 사용돼요.

애니 속 그 말, 이렇게 만든다!

[3그룹] する와 来る 단 2개

ダウンロードする → ダウンロードしないといけない
다운로드하다   다운로드해야 한다

持ってくる → 持ってこないといけない
가져오다   가져와야 한다

> 통째로 외우기!

[2그룹] 끝이 る이고 る 앞 글자가 い단/え단

終わらせる → 終わらせないといけない
끝내다   끝내야 한다

始める → 始めないといけない
시작하다   시작해야 한다

> る를 ないといけない로 바꾸기!

[1그룹] 3그룹도 2그룹도 아닌 동사

聞く → 聞かないといけない
듣다   들어야 한다

> 끝 글자를 あ단으로 바꾸고 + ないといけない 붙이기

현실에선 이렇게 말한다!

3그룹

クーポンをもらうためには、アプリをダウンロードしないといけないんだって。

쿠폰을 받으려면 앱을 다운로드해야 한대.

手続きするためには、印鑑を持ってこないといけないらしいよ。

절차를 밟으려면 인감도장을 가져와야 한대.

POINT!
「〜んだって」는 직접 들은 정보를 전달할 때 자주 쓰고, 「〜らしいよ」는 소문이나 추측처럼 간접적인 정보를 전할 때 써요!

2그룹

今日中に旅行の準備終わらせないと。

오늘 안에 여행 준비 끝내야지.

健康のためにも、そろそろ始めないとかなと思って来ました。

건강을 위해서라도 슬슬 시작해야겠다 싶어서 왔어요.

POINT!
「〜ないと + かなと思(おも)って」로 '~해야 하지 않을까 싶어서'라는 의미라고 통째로 기억해두세요! 「〜かな」가 들어감으로써 확신은 없지만 그런 생각이 들어 조심스레 말하는 부드러운 뉘앙스를 전할 수 있어요.

1그룹

先生に聞かないといけないことがあって…先行ってて。

선생님께 여쭤 봐야 할 게 있어서… 먼저 가 있어.

단어 Check!

- やる 하다
- クーポン 쿠폰
- 印鑑(いんかん) 인감도장
- 始(はじ)める 시작하다
- 理由(りゆう) 이유
- ダウンロードする 다운로드하다
- 今日中(きょうじゅう)に 오늘 안에
- 先(さき)に 먼저
- ある (사물, 식물이) 있다
- 手続(てつづ)き 절차, 수속
- そろそろ 슬슬
- 行(い)く 가다

〜ないといけない

반드시 ~해야만 한다

40 ～なくちゃ(いけない) (~해야 해)

まずはここを抜(ぬ)けださなくちゃ。

우선 여길 빠져나가야 해.

 주인공이 던전의 위기 상황에서 빠져나가려고 결심한 장면에서 쓰이는 대사입니다. 「～ないといけない」가 중립적인 느낌이라면 「～なくちゃ」는 완전히 회화체이자 부드럽고 상냥한 말투로, 애니나 드라마에서 여성 캐릭터가 말할 때 자주 등장해요. 이 표현 또한 직역하면 '~하지 않으면 (안 된다)'지만, 실제로는 '~해야 한다'로 생각해서 쓰면 좋아요! 참고로 「いけない」를 생략하고 「～なくちゃ」만 써도 괜찮아요! 대신 줄인 만큼 더 캐주얼한 뉘앙스가 됩니다!

 애니 속 그 말, 이렇게 만든다!

3그룹
する와 来る
단 2개

予約(よやく)する → 予約(よやく)しなくちゃ
예약하다 　　　예약해야 해

来(く)る → 来(こ)なくちゃ
오다　　　와야 해
※문법상으로 맞는 표현이지만, 실제로는 잘 안 써요!
통째로 외우기!

2그룹
끝이 る이고
る 앞 글자가
い단/え단

変(か)える → 変(か)えなくちゃ
바꾸다　　　바꿔야 해

寝(ね)る → 寝(ね)なくちゃ
자다　　　자야 해
る를 なくちゃ로 바꾸기!

1그룹
3그룹도
2그룹도
아닌 동사

返(かえ)す → 返(かえ)さなくちゃ
돌려주다　　돌려줘야 해

切(き)る → 切(き)らなくちゃ
자르다　　잘라야 해
※예외 1그룹 동사
끝 글자를 あ단으로 바꾸고 + なくちゃ 붙이기

현실에선 이렇게 말한다!

~なくちゃ(いけない) / ~해야 해

(3그룹) 人気のお店だから、予約しなくちゃかな？
인기 많은 가게니까 예약해야겠지?

(2그룹) パスワード変えなくちゃいけなくて…ちょっとめんどくさいです。
비밀번호를 바꿔야 해서… 좀 귀찮아요.

POINT!
面倒(めんどう)くさい가 정식 표현이지만, 일상 회화에서는 う를 빼고 「めんどくさい」처럼 줄여서 말하는 게 훨씬 일반적이에요!

明日早いから、もう寝なくちゃ。おやすみ！
내일 일찍 일어나야 하니까, 이제 자야 해. 잘 자!

(1그룹) あ、これ返さなくちゃ。忘れてた。
아, 이거 돌려줘야겠다. 잊고 있었네.

前髪伸びてきたし、そろそろ切らなくちゃだよね。
앞머리가 길어졌으니까 슬슬 잘라야겠지?

POINT!
「切(き)る」는 2그룹 같지만, 예외 1그룹 동사이니 주의하세요!

 **단어 Check!**

- □ まずは 우선은
- □ 変(か)える 바꾸다
- □ 返(かえ)す 돌려주다
- □ 伸(の)びる 자라다
- □ 抜(ぬ)け出(だ)す 빠져나가다
- □ めんどくさい 귀찮다
- □ 忘(わす)れている 잊고 있다
- □ ~し ~하고, ~해서
- □ パスワード 비밀번호
- □ もう 이제
- □ 前髪(まえがみ) 앞머리
- □ 切(き)る 자르다

113

41 〜なきゃ(いけない) (~해야 해)

早(はや)く伝(つた)えなきゃ…!

빨리 전해야 해…!

주인공이 중대한 정보를 알게 돼서 초조해진 장면에서 쓰이는 대사입니다. '해야 한다'는 표현 중에 제일 짧은 표현인 만큼 시간이 없거나 상황이 다급할 때 자주 사용돼요. 그리고 결심할 때 혼잣말로도 자주 쓰이니까 기억해 두세요! 이 표현 또한 직역하면 '~하지 않으면 안 된다'지만 실제로는 '~해야 한다'로 생각해서 쓰면 좋아요!

애니 속 그 말, 이렇게 만든다!

3그룹
する와 来る 단 2개

運動(うんどう)する　→　運動(うんどう)しなきゃ
하다　　　　　　　　운동해야 해

来(く)る　→　来(こ)なきゃ
오다　　　　와야 해

통째로 외우기!

2그룹
끝이 る이고 る 앞 글자가 い단/え단

起(お)きる　→　起(お)きなきゃ
일어나다　　　일어나야 해

片付(かたづ)ける　→　片付(かたづ)けなきゃ
정리정돈하다　　　　정리정돈해야 해

る를 なきゃ로 바꾸기!

1그룹
3그룹도 2그룹도 아닌 경우

やる　→　やらなきゃ
하다　　　해야 해

行(い)く　→　行(い)かなきゃ
가다　　　　가야 해

끝 글자를 あ단으로 바꾸고 + なきゃ 붙이기!

현실에선 이렇게 말한다!

~なきゃ(いけない) ~해야 해

(3그룹)
運動しなきゃって100回ぐらい言ってる気がする。
운동해야지 하고 백 번 정도 말한 것 같아.

POINT!
「~と言(い)う」의「と」대신「って」를 사용하면 더 캐주얼하게 들리니 유용하게 써 보세요!

明日も来なきゃいけないとか…つら。
내일도 와야 하는구나… 힘들다.

POINT!
「つら」는 젊은 사람 사이에서 자주 쓰는 말로 '힘들다', '귀찮다'는 뜻으로 사용돼요. 원래는 「つらい」라는 い형용사인데 い형용사는 혼잣말 할 때 특히「~い」를 자주 생략해요. 예를 들어 더울 땐「あつい」대신「あつ / あつっ」라고 혼잣말로 말할 수 있고 추울 땐「さむい」대신「さむ / さむっ」처럼 말할 수 있어요!

(2그룹)
やばっ、起きなきゃじゃん! なんで起こしてくれなかったの?
헉, 일어나야 하잖아! 왜 안 깨워 줬어?

部屋片付けなきゃって思ってはいるんだけど、なかなかね。
방 정리해야 한다고 생각하고는 있는데, 잘 안 되네.

(1그룹)
え、もうこんな時間!?やることやらなきゃ。
엥, 벌써 시간이 이렇게!? 할 일 해야지.

ごめん、急いで行かなきゃで。ホントごめんね。
미안, 빨리 가야 돼서. 정말 미안해.

단어 Check!

- □ 早(はや)く 빨리
- □ 伝(つた)える 전하다
- □ 100回(ひゃっかい) 백 번
- □ 気(き)がする 생각(느낌)이 들다
- □ つらい 힘들다
- □ やばい 헉, 헐
- □ ~じゃん ~잖아
- □ なかなか(+부정형) 좀처럼~하지 않다
- □ もうこんな時間(じかん) 벌써 시간이 이렇게 지났다
- □ やること 할 일
- □ 急(いそ)ぐ 서두르다
- □ ホント 진짜

42 〜んですか？ (~인 거예요?, ~한 건가요?)

本当にやるんですか？

정말 할 건가요?

 겁이 많은 동료가 주인공의 말에 되묻는 장면에서 쓰이는 대사입니다. 단순한 질문이 아니라 어떤 일의 이유나 배경이 궁금해서 묻는 한 단계 깊은 질문을 할 때 자주 써요! 특히 놀라거나 당황해서 되묻는 상황에서 자연스럽게 사용돼요.

애니 속 그 말, 이렇게 만든다!

동사
帰る (돌아가[오]다) → 帰るんですか？ (돌아가는 거예요?)

買う (사다) → 買ったんですか？ (산 거예요?)

い형용사
いい (좋다, 괜찮다) → いいんですか？ (괜찮은 거예요?)

> 뒤에 +んですか 붙이기!

な형용사
大変だ (힘들다) → 大変なんですか？ (힘든 거예요?)

> だ 빼고 +なんですか 붙이기!

명사
甘党 (단것 좋아함) → 甘党なんですか？ (단것 좋아하는 거예요?)

> 뒤에 +なんですか 붙이기!

현실에선 이렇게 말한다!

동사

え、もう帰(かえ)るんですか?
헉, 벌써 돌아가는 거예요?

それ、どこで買(か)ったんですか?
그거 어디서 산 거예요?

い형용사

本当(ほんとう)におごってもらっていいんですか?
정말로 얻어먹어도 되는 거예요?

POINT!
「~てもらう + てもいい」를 합쳐서「~てもらってもいい」라고 해요!

な형용사

仕事(しごと)結構(けっこう)大変(たいへん)なんですか?
일이 꽤 힘든 거예요?

POINT!
「~なんですか」로 물어보면 걱정이나 배려의 뉘앙스도 담을 수 있어요.

명사

佐藤(さとう)さん、甘党(あまとう)なんですか?
사토 씨, 단 것 좋아하는 거예요?

POINT!
'단것 좋아하는 사람'을「甘党(あまとう)」라고 해요!

~んですか

~인 거예요?, ~한 건가요?

 **단어 Check!**

□ 本当(ほんとう)に 진짜로, 정말   □ もう 벌써   □ それ 그것
□ どこで 어디서   □ 買(か)う 사다   □ おごる 한턱내다
□ おごってもらう 얻어먹다, 누가 사 주다   □ ~て(も)いい ~해도 좋다   □ 仕事(しごと) 일
□ 結構(けっこう) 꽤, 제법   □ 大変(たいへん)だ 힘들다, 큰일이다   □ 甘党(あまとう) 단것 좋아하는 사람

117

43 〜んです (~거든요)

絶対クリアしなきゃいけない<mark>んです</mark>！

반드시 클리어해야 하거든요!

주인공이 자신의 과거를 회고하면서 본인의 이 던전에 대한 강한 마음을 동료에게 이야기하는 장면에서 쓰이는 대사입니다. 이유나 배경 설명을 자연스럽게 전할 때 정말 자주 쓰여요! 실제로 자주 쓰이지만 헷갈리기 쉬운 표현이기도 해서 주의가 필요해요! 반말체로는 「〜んだ」라고 하면 됩니다.

 애니 속 그 말, 이렇게 만든다!

동사		
ハマっている	→	ハマっているんです
빠져 있다		빠져 있거든요
もらった	→	もらったんです
받았다		받았거든요

い형용사		
明日早い	→	明日早いんです
내일 일찍 일어나야 한다		내일 일찍 일어나야 하거든요

뒤에 +んです 붙이기!

な형용사		
便利だ	→	便利なんです
편리하다		편리하거든요

뒤에 +なんです 붙이기!

명사		
もの	→	ものなんです
물건		물건이거든요

だ를 빼고 +なんです 붙이기!

현실에선 이렇게 말한다!

동사

え、これ私(わたし)も最近(さいきん)ハマってるんですよ。
好(す)きなんですか？

헉, 이거 저도 요즘 빠져 있거든요. 좋아하세요?

POINT!
일본어 회화에서는「〜ている」를「〜てる」로 줄여 말하는 것이 흔합니다. 친구나 편한 상황에서는「ハマってるんです」라고 해요.

いいですよね。彼女(かのじょ)[彼氏(かれし)]にもらったんですよ。

좋죠? 여자 친구[남자 친구]한테 받았거든요.

POINT!
애인에게 받은 선물을 자랑하는 뉘앙스를 줄 수 있어요!

い형용사

明日(あした)早(はや)いんですよ。ちょっと用事(ようじ)があって。

내일 일찍 일어나야 돼요. 일이 좀 있어서요.

POINT!
「明日(あした)早(はや)いんです」는 직역하면 '내일 이르거든요'지만, 일상에서는 '내일 아침 일찍 일어나야 해서요'라는 의미로 쓰입니다. 주로 모임에서 일찍 자리를 정리할 때 자연스럽게 사용하는 표현입니다.

な형용사

意外(いがい)と便利(べんり)なんですよね、ここ。

의외로 편리하거든요, 여기.

POINT!
내가 사는 동네에 대해 설명할 때 이렇게 말할 수 있어요! 상대가 모르는 것에 대해「〜んです」를 써서 말할 수 있어요.

명사

実(じつ)は会社(かいしゃ)の先輩(せんぱい)にもらったものなんです。

실은 회사 선배한테 받은 거거든요.

 단어 Check!

- 絶対(ぜったい) 반드시
- クリアする 클리어하다
- 最近(さいきん) 최근
- ハマる 빠지다
- 明日早(あしたはや)い 내일 일찍부터 일이 있다
- 用事(ようじ) 볼일
- 意外(いがい)と 의외로
- 便利(べんり)だ 편리하다
- 先輩(せんぱい) 선배

44 〜んですけど / 〜んだけど (~인데요/~인데)

最初はそう思ってたんだがな…

처음엔 그렇게 생각했는데 말이지…

주인공이 무언가 착각하고 있었음을 깨닫는 장면에서 쓰이는 대사입니다. 이 표현의 반말체는 〜んだけど입니다. 「けど」 앞에 「です」가 오면 정중하게 말하는 표현이 되고 「だ」가 오면 반말이 된다는 점, 한국 사람들이 특히 많이 틀리는 문법이니 꼭 기억해 주세요!

애니 속 그 말, 이렇게 만든다!

동사

知ってる → 知ってるんですけど
알고 있다   알고 있는데요

思っていた → 思っていたんですけど
생각하고 있었다   생각하고 있었는데요

い형용사

暑い → 暑いんですけど
덥다   더운데요

뒤에 + んですけど 붙이기

な형용사

苦手だ → 苦手なんだけど
잘 못하다   잘 못하는데

だ를 빼고 + なんだけど 붙이기!

명사

休み → 休みなんだけど
쉬는 날   쉬는 날인데

뒤에 + なんだけど 붙이기!

현실에선 이렇게 말한다!

~んですけど / ~んだけど
~인데요 / ~인데

동사

いい感(かん)じのカフェ知(し)ってるんですけど…
ここどかどうですか?

분위기 좋은 카페를 알고 있는데요… 여기 어때요?

POINT!
'좋은 카페'를 「いいカフェ」라고도 할 수 있지만 '분위기 좋은'이라는 표현을 더해 「いい感(かん)じのカフェ」라고 하면 더 요즘 말투스러워요! 다른 명사를 붙여 연습해 보세요!

行(い)きたいとは思(おも)ってたんですけど、なかなか時間(じかん)がなくて…。

가고 싶기는 했는데요, 좀처럼 시간이 없어서….

い형용사

ちょっと暑(あつ)いんですけど、エアコンの温度(おんど)下(さ)げてもいいですか?

좀 더운데요, 에어컨 온도 내려도 되나요?

な형용사

暑(あつ)いの苦手(にがて)なんだけど、今年(ことし)はまだマシだと思(おも)う。

더위를 타는 편인데, 올해는 그래도 좀 나은 것 같아.

POINT!
'그나마 낫다', '더 나은 편'이라고 말하고 싶을 때 「マシだ」라는 な형용사를 써보세요! 원래는 한자 단어지만 캐주얼한 뉘앙스를 주기 위해 가타카나로 쓰는 게 일반적이에요!

명사

実(じつ)は明日(あした)休(やす)みなんだけど、何(なに)か予定(よてい)ある?

사실 내일 쉬는 날인데, 약속 있어?

POINT!
누군가를 만나고 싶을 때 일본에서는 「予定(よてい)ある?(예정 있어?(=약속 있어?))」라고 물어보는 게 자연스러워요. 반면에 「時間(じかん)ある?(시간 있어?)」는 부담스러워할 수 있어요.

 **단어 Check!**

- □ いい感(かん)じ 느낌이 좋다
- □ ~とか ~라든가, ~같은(예시)
- □ エアコン 에어컨
- □ 温度(おんど) 온도
- □ 下(さ)げる 내리다
- □ 苦手(にがて)だ 싫어하다, 잘 못하다
- □ マシだ 낫다
- □ 実(じつ)は 실은
- □ 何(なに)か 무언가

121

My story

공부하다 만나는 나만의 별똥별

「시작이 반이다.」

한국어 속담 중에 정말 좋아하는 말이에요.

이걸 처음 배웠을 때 너무 감동을 받았던 기억이 나요.

한국어를 빨리 마스터하고 싶어서
조급해하는 제 마음을 토닥여 주는 느낌이었어요.

당장 완벽하지 않아도 괜찮다고
시작했다는 사실만으로도 잘하고 있다고
말해주는 것 같았거든요.

==이처럼 언어를 공부하다 보면==
==뜻밖의 만남이 있어요.==

==나를 설레게 하는 표현이 될 수도 있고==
==나를 설레게 하는 발음이 될 수도 있어요.==

그 하나를 만난다면,
수많은 하늘의 별 중에서 우연히 떨어진 별똥별을 잡은 거예요.

그 별은 조용히 당신 마음속에서 빛나
힘들 때 힘이 되어주는 존재가 될 거예요.

제 8화
동료의 조언이 필요할 때
조언, 질문 관련 문법

45 やるかどうかは…お前ら次第だ。
할지 말지는… 너희에게 달려 있어.

46 俺についてきてほしい。
나를 따라와 줬으면 해.

47 傷ついたこと、僕にもあるよ。
상처 받은 적, 나도 있지.

48 逃げてもいい。立ち止まってもいい。
도망쳐도 괜찮아. 멈춰도 괜찮아.

49 少しは休んだほうがいいぜ、隊長。
조금은 쉬는 게 좋다고요, 대장.

50 あいつのことは気にしないほうがいい。
그 자식 일은 신경 안 쓰는 게 좋을 거야.

| My story |
AI가 내 언어 실력을 키워줄까?

45 〜かどうか (~인지 아닌지, ~일지 어떨지)

やる**かどうか**は…お前ら次第だ。
まえ　　しだい

할지 말지는… 너희에게 달려 있어.

주인공이 동료에게 중요한 결단을 맡기는 장면에서 쓰이는 대사입니다. 무언가를 할지 말지 등 선택에 긍정과 부정의 가능성이 모두 있음을 표현할 때 자주 쓰여요!

 애니 속 그 말, 이렇게 만든다!

| 동사 | 行く
가다 | → | 行くかどうか
갈지 말지 |

行く → 行くかどうか
い　　　　　い
가다　　　　갈지 말지

間に合う → 間に合うかどうか
ま　あ　　　　　ま　あ
제시간에 가다　제시간에 갈 수 있을지 없을지

명사　　本当 → 本当かどうか
　　　　　ほんとう　　ほんとう
　　　　　진짜　　　　진짜인지 아닌지

い형용사　ない → ないかどうか
　　　　　　없다　　　있는지 없는지

뒤에 + かどうか 붙이기

な형용사　必要だ → 必要かどうか
　　　　　　ひつよう　ひつよう
　　　　　　필요하다　필요할지 어떨지

だ를 빼고 + かどうか 붙이기

현실에선 이렇게 말한다!

동사

行くかどうか、迷う…。
갈지 말지 고민이야….

終電に間に合うかどうか心配ですけど、走ってみます。
전철 막차 시간에 맞출 수 있을지 없을지 걱정이지만, 한번 뛰어 볼게요.

POINT!
「間(ま)に合(あ)う」는 일본어에서 정말 자주 쓰이는 표현인데 「間(ま)」은 '시간'을 뜻하고, 「合(あ)う」는 '맞다'는 의미예요. 이 두 글자가 어우러져서 '제시간에 맞게 도착하다', 즉 '늦지 않다'는 뜻으로 자주 쓰여요. 특히 부정형인 「間(ま)に合(あ)わない」(시간에 못 맞추다)도 정말 자주 쓰이니까 꼭 기억해 두세요!

명사

まぁ、本当か分からないですけどね。
뭐, 진짜인지는 모르겠지만요.

い형용사

忘れものはないか確認してください。
잊은 물건은 없는지 확인해 주세요.

POINT!
「~かどうか」는 줄여서 「~か」로만 표현할 때도 많으니 기억해 주세요!
할까 말까 하는 고민은 「迷(まよ)う」라는 동사를 사용하면 자연스러워요!

な형용사

必要かどうかまだ分からないので、ちょっと考えてから買います。
필요한지 어떤지 모르겠으니, 좀 생각해 보고 나서 살게요.

POINT!
「~かどうか」는 「分(わ)からない」와 함께 쓰일 때가 많아요!

단어 Check!

- 迷(まよ)う 헤매다, 고민된다
- 心配(しんぱい) 걱정, 근심
- 必要(ひつよう)だ 필요하다
- 終電(しゅうでん) 전철 막차
- 走(はし)る 뛰다
- 考(かんが)える 생각하다
- 間(ま)に合(あ)う 시간에 맞춰 가다
- 忘(わす)れもの 잊은 물건
- ~てから ~하고 나서

~かどうか

~인지 아닌지/~일지 어떨지

～てほしい (~했으면 한다, ~해 줬으면 좋겠다)

俺（おれ）についてきてほしい。

> 나를 따라와 줬으면 해.

 주인공이 동료에게 진심을 담아 같이 가자고 하는 장면에서 쓰이는 대사입니다. 누군가가 어떤 행동을 해 주기를 바라거나 부탁할 때 사용해요. 자신이 직접 하지 않고, 상대가 해 주기를 바라는 말에 쓰인다는 걸 꼭 기억해 두세요!

 애니 속 그 말, 이렇게 만든다!

동사		
シェアする 공유하다	→	シェアしてほしい 공유해 줬으면 한다
来（く）る 오다	→	来（き）てほしい 와 줬으면 한다
捨（す）てる 버리다	→	捨（す）ててほしい 버려 줬으면 한다
教（おし）える 가르치다	→	教（おし）えてほしい 가르쳐 줬으면 한다
そっとしておく 가만히 두다	→	そっとしておいてほしい 가만히 둬 줬으면 한다

> て형으로 바꾸고 + ほしい 붙이기!

현실에선 이렇게 말한다!

(동사)

役に立つ情報とかあったらシェアしてほしいかも。
도움이 되는 정보같은 게 있으면 나랑 공유해 줬으면 좋겠어.

POINT!
「〜かも」는 '〜일지도 몰라'라는 의미로, 「〜ほしい」 뒤에 붙이면 돌려서 부탁하는 부드러운 말투가 돼요. 애매하게 말하고 있는 것처럼 보이지만 실제로는 상대방에게 부담을 주지 않으려는 배려가 담긴 말투랍니다.

ぜひ来てほしいんだけど、予定空いてる？
꼭 와 줬으면 하는데, 일정 비어 있어?

出る時に生ゴミ捨ててほしいんだけど、お願いしてもいい？
나갈 때 음식물 쓰레기 좀 버려 줬으면 하는데, 부탁해도 될까?

POINT!
일본에서는 음식물 쓰레기는 따로 분리수거를 하지 않는 경우가 많아요!

あのさ、ここが分からなくて、教えてほしいんだけど…。
있잖아, 이 부분 잘 모르겠어서 좀 알려 줬으면 하는데….

POINT!
일본에서는 직접적으로 요구하는 것을 피하기 위해서 부탁할 때 말끝을 살짝 흐리는 경우가 많아요. 상대방에게 부담 없이 자연스럽게 요청하는 느낌을 줄 수 있어요.

ちょっと今はそっとしておいてほしい、ごめん。
지금은 좀 혼자 있고 싶어, 미안.

POINT!
「そっとしておいてほしい」는 직역하면 '가만히 놔둬 줬으면 좋겠어'예요. 이렇게 한국어와 일본어가 조금씩 달라서 재미있죠?

 **단어 Check!**

- ついてくる 따라오다
- ぜひ 꼭
- 生(なま)ゴミ 음식물 쓰레기
- あのさ 있잖아
- 面白(おもしろ)い 재미있다
- 空(す)いている 비어있다
- 捨(す)てる 버리다
- 教(おし)える 가르치다, 알려 주다
- シェアする 공유하다, 쉐어하다
- 出(で)る 나가다
- お願(ねが)いする 부탁하다
- そっとしておく 가만히 두다, 내버려두다

〜てほしい

〜했으면 한다, 〜해 줬으면 좋겠다

～たことがある (~한 적이 있다)

傷ついたこと、俺にもあるさ。

상처받은 적, 나도 있지.

주인공이 동료를 위로하는 장면에서 쓰이는 대사입니다. 경험에 대해 이야기할 때 쓰는 표현으로, 내 경험을 이야기할 때는 물론 아이스브레이킹할 때나 대화를 이어 가는 상황에서 상대에게 질문을 던질 때도 유용하게 쓰입니다. 부정형은「～たことはない」나「～たことはありません」로 하면 돼요.

애니 속 그 말, 이렇게 만든다!

동사		
一気見する 정주행하다	→	一気見したことがある 정주행한 적이 있다
来る 오다	→	来たことがある 온 적이 있다
見る 보다	→	見たことがある 본 적이 있다
食べる 먹다	→	食べたことがある 먹은 적이 있다
行く 가다	→	行ったことがある 간 적이 있다

た형으로 바꾸고 + ことがある 붙이기

현실에선 이렇게 말한다!

동사

アニメとかドラマを一気見したことありますか?

애니나 드라마를 정주행해 본 적 있어요?

POINT!

「一気(いっき)に見(み)る」(한 번에 몰아서 보다)는 자주 쓰이는 표현인데, 이걸 줄여서 「一気見(いっきみ)する」라는 동사로도 말해요. 애니나 드라마를 정주행할 때 유용하게 쓸 수 있으니 꼭 기억해 두세요!

このお店来たことなかったけど、すごく良くない?当たりだね。

이 가게 처음 와 봤는데, 완전 좋지 않아? 대박이다.

POINT!

뽑기에서 '당첨'을 「当(あ)たり」라고 하고 꽝을 「はずれ」라고 하는데, 그걸 응용해서 좋은 결과나 만족스러운 경험은 「当(あ)たり」, 별로였던 경험은 「はずれ」라고 표현해요!

この番組見たことある?超面白いから絶対見た方がいいよ。

이 프로그램 본 적 있어? 진짜 재밌으니까 꼭 보는 게 좋아!

POINT!

'방송 프로그램'은 「番組(ばんぐみ)」라는 단어를 쓰니 꼭 기억해 두세요!

トッポギとかサムギョプサルとか食べたことありますか?

떡볶이라든가 삼겹살 같은 거 먹어 본 적 있어요?

旅行どこどこ行ったことありますか?

여행으로 어디 어디 가 본 적 있어요?

~たことがある

~한 적이 있다

 단어 Check!

- □ 傷(きず)つく 상처입다
- □ 一気見(いっきみ)する 한 번에 몰아서 보다, 정주행하다
- □ 当(あ)たり 당첨, 정답
- □ すごい 대단하다, 완전
- □ 超(ちょう) 엄청, (젊은 사람 말투)
- □ ~たほうがいい ~하는 게 좋다
- □ トッポギ 떡볶이
- □ サムギョプサル 삼겹살
- □ どこどこ 어디어디

48 〜てもいい (~해도 좋다, ~해도 된다)

逃げてもいい。
立ち止まってもいい。

도망쳐도 괜찮아. 멈춰서도 괜찮아.

주인공이 걱정이 많은 동료에게 위로를 건네는 대사에서 쓰이는 표현입니다.
상대방에게 허락해 주거나, 허용해 줄 때 사용해요!

애니 속 그 말, 이렇게 만든다!

동사
食べる → 食べてもいい
먹다　　　먹어도 된다

い형용사
狭い → 狭くてもいい
좁다　　　좁아도 된다

ない → なくてもいい
~지 않다　　~지 않아도 된다

> て형으로 바꾸고 + てもいい 붙이기!

な형용사
変だ → 変でもいい
이상하다　　이상해도 된다

> だ를 빼고 + でもいい 붙이기!

명사
次 → 次でもいい
다음　　다음이어도 된다

> 뒤에 + でもいい 붙이기!

현실에선 이렇게 말한다!

동사

最後(さいご)の一(ひと)つ食(た)べていい?

마지막 거 (내가) 먹어도 돼?

POINT!
원래 「食(た)べてもいい?」가 맞지만 회화에서는 「も」가 빠질 때도 있어요!

い형용사

ちょっと狭(せま)くてもいいので、駅近(えきちか)の部屋(へや)に住(す)みたいです。

조금 좁아도 되니까 역세권 방에 살고 싶어요.

完璧(かんぺき)じゃなくてもいいから、まず終(お)わらせることが大事(だいじ)だと思(おも)う。

완벽하지 않아도 되니까, 일단 끝내는 게 중요하다고 생각해.

POINT!
형용사의 부정형(~じゃない/~くない)도 い로 끝나니 い형용사 취급해서 접속해요!

な형용사

ちょっと変(へん)でもいいんじゃない?それが個性(こせい)だと思(おも)う。

조금 이상해도 괜찮지 않아? 그게 개성이라고 생각하거든.

명사

ごめん、会(あ)うの次(つぎ)でもいい?

미안 만나는 거 다음이어도 괜찮을까?

단어 Check!

- □ 逃(に)げる 도망치다, 달아나다
- □ 駅近(えきちか) 역세권
- □ まず 일단
- □ 変(へん)だ 이상하다
- □ 立(た)ち止(ど)まる 멈추어 서다
- □ 部屋(へや) 방
- □ 終(お)わる 끝나다
- □ 個性(こせい) 개성
- □ 最後(さいご) 마지막
- □ 住(す)む 살다
- □ 大事(だいじ)だ 중요하다
- □ 会(あ)う 만나다

~てもいい

~해도 좋다, ~해도 된다

49 〜たほうがいい (~하는 게 좋다, ~하는 편이 낫다)

少(すこ)しは休(やす)んだほうがいいぜ、隊長(たいちょう)。

조금은 쉬는 게 좋다고요, 대장.

 무리하는 주인공에게 동료가 조언을 건네는 장면에서 쓰이는 대사입니다.
충고하거나 건강이나 행동을 배려해서 말할 때 자주 사용돼요!

애니 속 그 말, 이렇게 만든다!

동사

チンする	→	チンしたほうがいい
전자레인지에 돌리다		전자레인지에 돌리는 게 좋다

来(く)る	→	来(き)たほうがいい
오다		오는 게 좋다

変(か)える	→	変(か)えたほうがいい
바꾸다		바꾸는 게 좋다

教(おし)えてもらう	→	教(おし)えてもらったほうがいい
가르침을 받다		가르침을 받는 게 좋다

持(も)っていく	→	持(も)っていったほうがいい
가져가다		가져가는 게 좋다

> た형으로 바꾸고 + たほうがいい 붙이기

현실에선 이렇게 말한다!

~たほうがいい
~하는 게 좋다, ~하는 편이 낫다

동사

これチンしたほうがいいんじゃない？冷めてるよ。
이거 전자레인지에 돌리는 게 좋지 않을까? 식었어.

POINT!
「チンする」는 전자레인지에서 '띵~' 소리가 나는 데서 유래된 표현이에요. 정중하게 말할 땐 데운다는 의미로「温(あたた)める」를 써요. 편의점에서「温(あたた)めますか？」라는 말을 자주 듣게 되니 같이 외워 두면 좋아요!

ちょっと早めに来たほうがいいと思います。
조금 일찍 오는 게 좋을 것 같아요.

POINT!
「早(はや)めに」는「早(はや)い」(빠르다)의 부사형으로, '조금 이르게'라는 뜻이에요. 시간 약속을 잡을 때 정말 많이 쓰니 기억해 두세요!

ちょっとこの部分は変えたほうがいいと思います。
이 부분은 좀 바꾸는 게 좋을 것 같아요.

最初は誰かに教えてもらったほうがいいと思うよ。
처음에는 누군가에게 배우는 게 좋다고 생각해.

POINT!
「~よ」는 그 내용을 상대에게 더 전달하고자 하는 뉘앙스를 가지기 때문에 조언이나 충고를 할 때 붙일 수 있어요. 특히 친한 사이에서 자연스럽게 사용할 수 있어요!

雨が降りそうだから、傘持っていったほうがいいかも。
비가 올 것 같으니까, 우산 가져가는 게 좋을지도 몰라.

 **단어 Check!**

- 少(すこ)し 조금, 약간
- 冷(さ)める 식다, 차가워지다
- 変(か)える 바꾸다
- 休(やす)む 쉬다
- 早(はや)めに 조금 일찍
- 最初(さいしょ)は 처음에는
- チンする 데우다
- 部分(ぶぶん) 부분
- 誰(だれ)かに 누군가에게

50 〜ないほうがいい (~안 하는 게 좋다, ~하지 않는 편이 낫다)

あいつのことは気にしないほうがいいぞ。

그 자식 일은 신경 안 쓰는 게 좋을 거야.

죄책감에 시달리는 주인공에게 동료가 위로의 말을 해 주는 장면에서 쓰이는 대사입니다. 「〜たほうがいい」와 비슷하게 충고하거나 조언할 때 사용돼요.

 애니 속 그 말, 이렇게 만든다!

동사		
イチャイチャする 꽁냥거리다	→	イチャイチャしないほうがいい 꽁냥거리지 않는 편이 낫다
見る 보다	→	見ないほうがいい 보지 않는 편이 낫다
決める 정하다	→	決めないほうがいい 정하지 않는 편이 낫다
言う 말하다	→	言わないほうがいい 말하지 않는 편이 낫다
横になる 눕다	→	横にならないほうがいい 눕지 않는 편이 낫다

ない형으로 바꾸고 + ほうがいい 붙이기!

현실에선 이렇게 말한다!

동사

ここではあんまりイチャイチャしないほうがいいよ。

여기서는 너무 들러붙어 있지 않는 게 좋아.

POINT!
「イチャイチャする」는 연인 간의 스킨십이나 달달한 행동을 통틀어서 표현할 때 쓰이는 말이에요. 한국어로 '알콩달콩하다' 혹은 '꽁냥거리다'라는 의미가 있어요.

病んでる時はSNSを見ないほうがいいって言うよね。

멘탈이 약해졌을 땐 SNS를 안 보는 게 좋다고들 하잖아.

POINT!
'멘탈이 약해지는 것'을「病(や)む」라고 해요. 보통「病(や)んでいる」의 형태로 사용돼요.

慌てて決めないほうがいいよ。急がば回れっていうし。

서둘러 결정하지 않는 게 좋아. 급할수록 돌아가라는 말도 있잖아.

POINT!
마지막의「~し」는 이유나 근거를 말할 때 사용해요.「~から」나「~ので」와 같은 뜻이지만, 다른 이유도 있을 거라는 여지를 남기는 뉘앙스가 있습니다!

怒った時に余計なこと言わないほうがいいって、頭では分かってるんだけど…。

화났을 땐 쓸데없는 말 안 하는 게 좋다는 거 머리로는 알고 있는데….

食べてすぐ横にならないほうがいいらしいよ〜。

먹고 바로 눕지 않는 게 좋대~.

 **단어 Check!**

- □ 気(き)にする 신경 쓰다, 걱정하다
- □ あんまり 너무, 별로
- □ イチャイチャする 꽁냥거리다
- □ 病(や)む 멘탈이 약해지다
- □ 慌(あわ)てる 당황하다, 놀라서 급하게 행동하다
- □ 決(き)める 결정하다
- □ 急(いそ)がば回(まわ)れ 급할수록 돌아가라(속담)
- □ 怒(おこ)る 화내다, 화나다
- □ 余計(よけい)なことを言(い)う 쓸데없는 말을 하다
- □ 横(よこ)になる 눕다

〜ないほうがいい

〜안 하는 게 좋다, 〜하지 않는 편이 낫다

My story

AI가 내 언어 실력을 키워 줄까?

요즘은 누구나 AI를 쓰는 시대가 되었죠.
모르는 걸 바로 대답해 줘서 완전 편리해요.

그치만 AI의 편리함 때문에
언어 성장 기회를 놓쳐 버릴 수도 있다는 이야기를 하려고 해요.

언어를 공부할 때 중요한 것은
스스로 생각하는 힘을 어떻게 기르느냐인 것 같아요.

내 머릿속의 말을 입까지 잘 전달하고
입에서 잘 출력되게끔 하는 연습이 필요하죠.

==이때 스스로 문제를 해결할 기회를==
==AI한테 빼앗기지 않았는지 체크해 보세요.==

==즉, 내 머릿속에서 생각하는 시간이 충분했는지,==
==고민을 많이 했는지 돌아볼 필요가 있어요.==

수학도 끝까지 고민해서 푼 사람이 정말 잘하게 된다고 하잖아요.
언어도 마찬가지예요.

쉽게 얻은 것은 쉽게 까먹어요.

AI 덕분에 원하는 답을 바로바로 얻을 수 있는 시대지만,
스스로 생각하고 고민하는 시간도 충분히 마련해 보세요.

그러면 AI 도움을 현명하게 받아서
누구보다 똑똑하게 성장할 수 있을 거예요.

제 9화

나를 조정하는 마왕

명령형/사역형/수동형

51	俺についてこい。
	나만 따라와.
52	油断するなよ。
	방심하지 마.
53	私の魔法で眠りなさい。
	내 마법으로 잠들거라.
54	気絶させる魔法だと!?
	기절시키는 마법이라고?!
55	ダメだ、操られてる…
	안 돼, 조종당하고 있어…
56	あいつに手(て)足(あし)を動(うご)かされてるんだ。
	저 녀석한테 팔다리를 조종당하고 있어.

| My story |

옆길에 떨어져 있는 재미의 보석

51 ～しろ/して (~해)

おれ
俺について来い。
こ

날 따라와.

주인공이 동료를 이끄는 장면에서 쓰이는 대사입니다. 직접적인 명령형 표현으로, 강한 리더십을 나타내거나 전투, 모험, 훈련 장면에서 자주 등장해요. 애니나 드라마에서는 자주 나오는 표현이라 들을 일은 있어도, 실제로 말할 일은 거의 없다고 봐도 돼요. 그래서 실제 대화에서는 명령형 대신 「～てください」(~해 주세요, ~하세요)를 줄인 「～て」(~해)를 쓰면 듣는 입장에서도 더 부드럽게 들려서 좋아요!

 애니 속 그 말, 이렇게 만든다!

3그룹
する와 来る 단 2개

する	→	しろ	/	して
하다		해라		해

来る	→	来い	/	来て
く		こ		き
오다		와라		와

통째로 외우기!

2그룹
끝이 る이고 る 앞 글자가 い단/え단

起きる	→	起きろ	/	起きて
お		お		お
일어나다		일어나라		일어나

食べる	→	食べろ	/	食べて
た		た		た
먹다		먹어라		먹어

る를 ろ 또는 て로 바꾸기!

1그룹
3그룹도 2그룹도 아닌 동사

言う	→	言え	/	言って
い		い		い
말하다		말해라		말해

끝 글자를 え단 또는 て로 바꾸기!

현실에선 이렇게 말한다! ※회화체「~て」로 연습해 볼게요!

~しろ~して

~해

(3그룹)

オッケー！じゃああとで電話して。
오케이! 그럼 이따 전화해 줘.

ちょっと来て！はやく！こっちこっち！
좀 와 줘! 빨리! 여기, 여기!

(2그룹)

起きてー！朝だよー！
일어나! 아침이야!

遠慮しないで、いっぱい食べてね。
사양하지 말고 많이 먹어!

POINT!
~てね는 부탁을 부드럽고 따뜻하게 전할 때 쓰는 말투예요. 상대에게 명령하는 느낌 없이, 친근하고 배려심 있는 인상을 줄 수 있어요.

(1그룹)

困ったことあったら、なんでも言って。
곤란한 일 있으면 뭐든지 말해.

 **단어 Check!**

- □ ついて来(く)る 따라오다
- □ 電話(でんわ)する 전화하다
- □ 起(お)きる 일어나다
- □ 遠慮(えんりょ)する 사양하다
- □ オッケー 오케이
- □ はやく 빨리
- □ 朝(あさ) 아침
- □ 困(こま)る 곤란하다
- □ あとで 이따가, 나중에
- □ こっち 이쪽
- □ 遠慮(えんりょ)する 사양하다(예의 있게 거절)
- □ なんでも 뭐든지

52 〜な/〜ないで (~하지 마/~하지 말아 줘)

油断(ゆだん)する**な**よ。

방심하지 마.

주인공이 강한 적을 앞두고 동료에게 경고하는 장면에서 쓰이는 대사입니다. 전투나 훈련, 위기의 순간처럼 긴장감을 전하고 싶을 때 사용됩니다. 엄청 강한 어조의 부정 명령이라 실제 대화에서는 「〜な」(~하지 마)보다 「〜ないで」(~하지 말아줘)를 자주 사용해요.

애니 속 그 말, 이렇게 만든다!

동사

| 連絡(れんらく)する | → | 連絡(れんらく)する**な** | / | 連絡(れんらく)**しないで** |
| 연락하다 | | 연락하지 마 | | 연락하지 말아 줘 |

| 来(く)る | → | 来(く)る**な** | / | 来(こ)**ないで** |
| 오다 | | 오지 마 | | 오지 말아 줘 |

| 見(み)る | → | 見(み)る**な** | / | 見(み)**ないで** |
| 보다 | | 보지 마 | | 보지 말아 줘 |

| 決(き)める | → | 決(き)める**な** | / | 決(き)め**ないで** |
| 정하다 | | 정하지 마 | | 정하지 말아 줘 |

| 言(い)う | → | 言(い)う**な** | / | 言(い)わ**ないで** |
| 말하다 | | 말하지 마 | | 말하지 말아 줘 |

뒤에 + な 또는 ないで 붙이기

현실에선 이렇게 말한다! ※회화체「〜ないで」로 연습해 볼게요!

〜な〜ないで
〜하지 마／〜하지 말아 줘

 동사

もう連絡(れんらく)しないでって言(い)ったじゃん。
더 이상 연락하지 말라고 했잖아.

来(こ)ないでって言(い)ったのに、なんで来(き)たの？
오지 말라고 했는데 왜 온 거야?

そんな目(め)で見(み)ないでよ。怖(こわ)いじゃん。
그런 눈으로 보지 마. 무섭잖아.

POINT!
「〜ないでよ」는 짜증, 불안, 불쾌함 같은 강한 감정이 실린 말투예요. 한국어로는 '〜하지 마, 진짜.'처럼 감정 섞인 표현에 가까워요.

ちょっと勝手(かって)に決(き)めないでよ。
좀 멋대로 정하지 말아 줘.

ここだけの話(はなし)だからね。誰(だれ)にも言(い)わないでね。
여기서만 하는 얘기니까. 아무한테도 말하지 마, 부탁이야.

POINT!
「〜ないでね」는 부탁하는 말투지만, 상냥함 속에 단호함이 느껴지는 표현이에요. 한국어로는 '〜하지 마, 부탁이야.'에 가까워요.

 단어 Check!

- ☐ 油断(ゆだん)する 방심하다
- ☐ 言(い)う 말하다
- ☐ 決(き)める 정하다
- ☐ もう 더 이상, 이미, 이제
- ☐ 怖(こわ)い 무섭다
- ☐ ここだけの話(はなし) 여기서만 하는 이야기
- ☐ 連絡(れんらく)する 연락하다
- ☐ 勝手(かって)に 멋대로, 맘대로
- ☐ 誰(だれ)にも 아무한테도

141

53 〜なさい (~하세요, ~해라, ~해)

私(わたし)の魔法(まほう)で眠(ねむ)りなさい。

> 내 마법으로 잠들거라.

적이 주인공에게 잠재우는 마법을 거는 장면에서 쓰이는 대사입니다. 강한 명령이라기보다는 지시나 지도를 할 때 사용되는 표현이에요. 그래서 선생님이 학생에게, 부모님이 자녀에게 말할 때 사용된다고 기억하면 좋아요. 또한 일반적으로 쓰일 때는 딱딱한 뉘앙스가 있어요. 그래서 시험지에서 '답하시오'처럼 사용될 때 이 문법이 사용돼요!

애니 속 그 말, 이렇게 만든다!

3그룹
する와 来る
단 2개

静(しず)かにする	→	静(しず)かにしなさい
조용히 하다		조용히 하세요, 조용히 해
来(く)る	→	来(き)なさい
오다		오세요, 와

> 통째로 외우기!

2그룹
끝이 る이고
る 앞 글자가
い단/え단

やめる	→	やめなさい
그만하다		그만하세요, 그만해
寝(ね)る	→	寝(ね)なさい
자다		잠들어라, 자라

> る를 なさい로 바꾸기!

1그룹
3그룹도
2그룹도
아닌 동사

お風呂(ふろ)に入(はい)る	→	お風呂(ふろ)に入(はい)りなさい
목욕하다(씻다)		목욕하세요(씻으세요), 씻어
選(えら)ぶ	→	選(えら)びなさい
고르다		고르세요, 골라

> 끝 글자를 い단으로 바꾸고 + なさい 붙이기!

현실에선 이렇게 말한다!

(3그룹) 授業中は静かにしなさい！
じゅぎょうちゅう　しず

수업 중에는 조용히 하세요!

(2그룹) 食事中にスマホ見るのやめなさい。
しょくじちゅう　　　　　み

밥 먹을 땐 휴대폰 보는 거 그만둬.

明日早いんでしょ？早く寝なさいね。
あした はや　　　　　　はや　ね

내일 일찍 일어나야 하잖아? 얼른 자렴.

POINT!

「～なさいね」처럼 「～ね」를 붙이면 뉘앙스가 바뀌어요! 명령이지만 배려의 마음이 담긴 부드러운 지시의 느낌이 나요!

(1그룹) 冷める前にお風呂に入りなさい。
さ　　　まえ　　　ふろ　　　はい

(목욕물) 식기 전에 씻고 와.

POINT!

「風呂(ふろ)入(はい)りなさい」의 직역은 '목욕탕에 들어가'인데요. 일본에는 욕조 문화가 있어서 한국어의 '씻고 와'라는 뜻으로 사용하는 말이에요. 한국어의 '씻다[洗(あら)う]'를 그대로 번역한 「洗(あら)いなさい」는 어색한 표현이니 조심하세요! 샤워할 때는 「シャワーを浴(あ)びる」라는 표현을 사용하니 이것도 같이 외워 주세요!

（　）に入るもののうち、最も適切なものを
かっこ　 はい　　　　　　　　もっと てきせつ
一つ選びなさい。
ひと えら

괄호 안에 들어갈 말로 가장 적절한 것을 하나 고르시오.

POINT!

시험에서 자주 나오는 문장이니 이 문장을 통째로 외워 두면 시험 문제를 빨리 푸는 데 도움이 될 거예요!

 **단어 Check!**

- 魔法(まほう) 마법
- 眠(ねむ)る 잠자다, 잠들다
- 授業中(じゅぎょうちゅう) 수업 중
- 静(しず)かにする 조용히 하다
- 食事中(しょくじちゅう) 식사 중
- スマホ 스마트폰
- やめる 그만두다
- かっこ 괄호
- 入(はい)る 들어가다
- 最(もっと)も 가장
- 適切(てきせつ)だ 적절하다
- 選(えら)ぶ 고르다, 선택하다

～なさい

～하세요, ～해라, ～해

54 〜(さ)せる (~시키다)

気絶させる魔法だと!?
기절시키는 마법이라고!?

주인공이 상대의 새로운 마법 기술을 보고 놀라는 장면에서 쓰이는 대사입니다. 사역형이라 불리는 문법으로, '무언가를 시키다, ~하게 만들다'라는 뜻이에요. 주로 명령처럼 강제적인 행동을 표현할 때 사용돼요. 참고로 접속 방법은 54번「〜(さ)せる」와 같아요!

 애니 속 그 말, 이렇게 만든다!

3그룹
する와 来る
단 2개

説明する → 説明させる
설명하다   설명시키다, 설명하게 하다

来る → 来させる
오다   오게 하다

통째로 외우기!

2그룹
끝이 る이고 る 앞 글자가 い단/え단

着る → 着させる
입다   입히다 ※하지만「着(き)せる」(입히다)라는 동사가 따로 있어서, 잘 사용하지 않아요!

食べる → 食べさせる
먹다   먹게 하다

る를 させる로 바꾸기

1그룹
3그룹도 2그룹도 아닌 동사

笑う → 笑わせる
웃다   웃게 하다 ※う로 끝날 경우에는 あ가 아니라 わ로 바뀌는 점에 주의하세요!

끝 글자를 あ단으로 바꾸고 + せる 붙이기!

현실에선 이렇게 말한다!

3그룹

一度（いちど）説明（せつめい）させてください。
한 번 설명하게 해 주세요.

ここまで来（こ）させてしまって申（もう）し訳（わけ）ないです。
여기까지 오시게 해서 죄송합니다.

POINT!
「~させてしまう」는 고생시켰다는 뉘앙스예요. 보통 미안할 때 이렇게 말해요.

2그룹

犬（いぬ）に服（ふく）を着（き）せるのに一苦労（ひとくろう）しました。
강아지에게 옷을 입히는 게 엄청 힘들었어요.

子供（こども）に野菜（やさい）を食（た）べさせるの大変（たいへん）じゃないですか？
아이한테 야채 먹이는 거 힘들지 않나요?

1그룹

ちょっと笑（わら）わせないでよ。
좀 웃기지 마!

POINT!
사역 동사는 2그룹 동사처럼 취급되므로 「~ないで」(~하지 마), 「~たい」(~하고 싶다) 같은 표현을 연결할 때는 끝 글자 「る」만 바꿔주면 돼요!

단어 Check!

- □ 気絶(きぜつ) 기절
- □ 一度(いちど) 한 번
- □ 説明(せつめい) 설명
- □ ~てしまう ~해 버리다
- □ 申(もう)し訳(わけ)ない 죄송하다, 미안하다
- □ 犬(いぬ) 개, 강아지
- □ 服(ふく) 옷
- □ 着(き)せる 입히다
- □ 一苦労(ひとくろう) 큰 수고, 애를 먹음
- □ 子供(こども) 아이
- □ 野菜(やさい) 야채
- □ 大変(たいへん)だ 힘들다, 큰일이다

55 〜(ら)れる (~당하다)

ダメだ、操(あやつ)られてる…

> 안 돼, 조종당하고 있어…

적의 공격으로 인해 절망적인 상황을 나타내는 장면에서 쓰이는 대사입니다. 일반적으로는 '~당하다'지만 누군가의 좋은 영향을 받았을 때처럼 긍정적인 상황에도 사용돼요. 이처럼 동작을 받는 쪽을 중심에 두어 표현하는 형태를 일본어에서는 '수동형'이라고 합니다.

애니 속 그 말, 이렇게 만든다!

3그룹 する와 来る 단 2개	質問(しつもん)する 질문하다	→	質問(しつもん)される 질문 받다
	来(く)る 오다	→	来(こ)られる 원하지 않았는데 오다 ※「来(こ)られる」는 수동형보다 가능형(올 수 있다)의 의미로 더 자주 쓰여서 예시는 생략합니다!

통째로 외우기!

2그룹 끝이 る이고 る 앞 글자가 い단/え단	見(み)る 보다	→	見(み)られる 원하지 않았는데 누가 보다
	褒(ほ)める 칭찬하다	→	褒(ほ)められる 칭찬 받다

る를 られる로 바꾸기!

1그룹 3그룹도 2그룹도 아닌 동사	刺(さ)す 물다	→	刺(さ)される 물리다
	言(い)う 말하다	→	言(い)われる ~라고 듣다 ※う로 끝날 경우에는 아가 아니라 와로 바뀌는 점에 주의하세요!

끝 글자를 아단으로 바꾸고 れる 붙이기!

현실에선 이렇게 말한다!

~(ら)れる

~당하다

(3그룹) いきなり質問されてびっくりしました。
갑자기 질문을 받아서 깜짝 놀랐어요.

(2그룹) 恥ずかしいところを見られて、顔が赤くなりました。
창피한 모습을 들켜서 얼굴이 빨개졌어요.

発音が上手だと褒められて嬉しかったです。
발음이 좋다고 칭찬받아서 기뻤어요.

POINT!
「~(ら)れる」는 부정적인 상황(비난, 피해 등)은 물론, 칭찬이나 호의처럼 긍정적인 상황에서도 자주 사용됩니다!

(1그룹) 蚊に刺されたところが痒いです。
모기에 물린 데가 가려워요.

友達に太ったと言われてショックでした。
친구한테 살쪘다는 말을 들어서 충격이었어요.

단어 Check!

- だめ 소용없음, 해서는 안 됨
- びっくり 놀라다
- 顔(かお) 얼굴
- 上手(じょうず)だ 잘하다
- 痒(かゆ)い 가렵다
- 操(あやつ)る 조종하다, 조작하다
- 恥(は)ずかしい 부끄럽다
- 赤(あか)くなる 빨개지다
- 嬉(うれ)しい 기쁘다
- 太(ふと)る 살찌다
- いきなり 갑자기
- ところ 곳, 부분
- 発音(はつおん) 발음
- 蚊(か)に刺(さ)される 모기한테 물리다
- ショックだ 충격적이다

56 〜(さ)せられる ((강제로)~당하다, (원하지 않았는데)~하게 되다)

> あいつに手足（てあし）を**動（うご）かされてる**んだ。

저 녀석한테 팔다리를 조종당하고 있어.

주인공이 적의 마법에 걸려 의지와 상관없이 몸이 움직이고 있는 장면에서 쓰이는 대사입니다. 누군가에 의해 억지로 어떤 행동을 강요당하거나, 하기 싫은데 하게 된 상황에서 사용해요. '사역수동형(사역+수동)'이라고 불러요!

 애니 속 그 말, 이렇게 만든다!

3그룹 する와 来る 단 2개

| する (하다) | → | させられる (억지로 하게 되다) |
| 来（く）る (오다) | → | 来（こ）させられる (원하지 않았는데 오게 되다) |

통째로 외우기!

2그룹 끝이 る이고 る 앞 글자가 い단/え단

| 覚（おぼ）える (외우다) | → | 覚（おぼ）えさせられる (억지로 외우게 되다) |
| 考（かんが）える (생각하다) | → | 考（かんが）えさせられる (생각하게 되다) |

る를 させられる로 바꾸기!

1그룹 3그룹도 2그룹도 아닌 동사

| 待（ま）つ (기다리다) | → | 待（ま）たせられる (억지로 기다리게 되다) |

끝 글자를 あ단으로 바꾸고 せられる 붙이기!

현실에선 이렇게 말한다!

3그룹

会社で忘年会の幹事をさせられてさ、めっちゃ大変だった。

회사에서 송년회 총무를 맡게 돼서 진짜 힘들었어.

日曜なのに会社に来させられて最悪でした。

일요일인데도 회사에 나오게 해서 최악이었어요.

2그룹

バイトでマニュアルを1日で覚えさせられたのが懐かしいです。

알바 때 매뉴얼을 하루 만에 강제로 외웠던 기억이 그립네요.

POINT!
직역하면 '(누군가가) 외우도록 시킨 것을 받았다'가 되는데 한국에서는 이렇게 말 안 하죠? 중요한 건 '강제로 ~했다'라는 것을 일본어에선 이렇게 표현이 가능하다는 것! 이런 표현을 외우고 쓸 수 있게 되는 것이 일본어 마스터의 길이에요!

考えさせられる本でした。

많은 생각을 하게 만드는 책이었어요.

1그룹

友達に1時間以上も待たされてイライラしました。

친구가 한 시간 넘게 기다리게 해서 짜증 났어요.

POINT!
1그룹인 경우에 원래는 「~せられる」가 제대로 된 표현인데 회화에서는 좀 더 줄여서 말하기 위해 「~される」라는 형태로도 자주 말해요. 그래서 「待(ま)たせられる」, 「待(ま)たされる」처럼 두 가지로 연습하면 좋아요!

 **단어 Check!**

- □ 手足(てあし) 손발, 수족
- □ めっちゃ 아주, 몹시
- □ バイト 알바
- □ 動(うご)く 움직이다
- □ 日曜(にちよう) 일요일
- □ 懐(なつ)かしい 그립다
- □ 幹事(かんじ) 총무, 모임 담당
- □ 最悪(さいあく)だ 최악이다
- □ イライラする 짜증 나다

~(さ)せられる

(강제로)~당하다, (원하지 않았는데)~하게 되다

My story

스스로 결정한 선택은 무엇보다 강하다

오늘 애니를 볼지 말지,
이 책을 열고 공부할지 말지.

우리는 하루 안에 정말 많은 선택을 하고 있고
그 선택에 따라 행동하며 살아가고 있죠.

학교를 졸업하고 나서 가장 당황스러웠던 것은
모든 선택이 나에게 달려 있다는 것이었어요.

가끔은 남이 시키는 대로 하면
얼마나 편할까 싶을 정도로
'선택'이라는 것은 많은 에너지를 소모하죠.

==그치만 지금 생각해 보면==
==그 많은 에너지를 쓰고 스스로 선택한 것은==
==정말 오래 가더라고요.==

여러분은 지금, 스스로 선택을 하고 계신가요?

특히나 일본어 공부는 안 해도 딱히 누가 뭐라 하지 않죠.
그러다 보니 유혹에 쉽게 흔들려요.

언제나 '내가 선택했다'는 것을 잊지 않는 것.
그리고 '하겠다고 마음 먹고 선택한 나'를 믿는 것.

그렇게 스스로 내린 선택들이 쌓여
나는 오늘도 조금씩 단단해지는 것 같아요.

제 10화

주인공은 레벨업한다

가능형, 변화 관련 표현

57 もっと強くなるためにー
더 강해지기 위해서-

58 勝つにはこれしかない。
이기기 위해서는 이것밖에 없어.

59 扱うことができる魔法ー
다룰 수 있는 마법-

60 俺にも魔法が使えるだと!?
나도 마법을 쓸 수 있다고!?

61 ついに使えるようになった！
드디어 쓸 수 있게 됐다!

| My story |
성장은 갑자기 찾아온다

57 〜くなる/〜になる (~해지다/~가 되다)

もっと強(つよ)くなるために―

더 강해지기 위해서―

주인공이 더 강해지고 싶어서 노력을 다짐하는 장면에서 쓰이는 대사입니다. 형용사나 명사를 활용해 '변화'를 표현할 때 자주 사용되는 기본 표현이에요!

애니 속 그 말, 이렇게 만든다!

い형용사

おいしい	→	美味(おい)しくなる
맛있다		맛있어지다

広(ひろ)い	→	広(ひろ)くなる
넓다		넓어지다

> い 떼고, 뒤에 + くなる 붙이기!

な형용사

上手(じょうず)だ	→	上手(じょうず)になる
잘한다		잘하게 되다

元気(げんき)だ	→	元気(げんき)になる
건강하다		건강해지다

> だ를 빼고 + になる 붙이기!

명사

オシャレ	→	オシャレになる
멋쟁이		멋쟁이가 되다

> 뒤에 + になる 붙이기!

현실에선 이렇게 말한다!

~くなる/~になる
- 해지다/-가 되다

い형용사

おいしくなる秘訣(ひけつ)が知(し)りたいです。

맛있어지는 비결을 알고 싶어요.

引(ひ)っ越(こ)しして部屋(へや)が広(ひろ)くなりました。

이사해서 방이 넓어졌어요.

な형용사

前(まえ)は人前(ひとまえ)で話(はな)すのが苦手(にがて)でしたけど、
ちょっと上手(じょうず)になった気(き)がします!

예전엔 사람들 앞에서 말하는 게 서툴렀지만, 좀 능숙해진 것 같아요!

おかげさまで元気(げんき)になりました。
ありがとうございました。

덕분에 건강해졌습니다. 감사합니다.

POINT!

「元気(げんき)だ」는 흔히 '건강하다'로 번역되지만 실제로는 '기운이 있다' 혹은 '활기차다'의 뉘앙스에 더 가까워요. 감기에 걸려 쉬고 난 뒤 복귀했을 때 이렇게 말하면 정중하고 자연스러워요.

명사

みんなにオシャレになったって言(い)われて
嬉(うれ)しかったです。

다들 멋있어졌다고 말해 줘서 기뻤어요.

POINT!

「オシャレ」는 외모, 옷차림, 장소 등이 세련되고 멋진 느낌일 때 쓰는 말이에요. 히라가나로도 표기하며, 가타카나는 시각적으로 강조하거나 좀 더 트렌디한 느낌을 줄 때 써요.

단어 Check!

- □ もっと 더, 한층
- □ 知(し)る 알다
- □ 広(ひろ)い 넓다
- □ 苦手(にがて)だ 서툴다, 어려워하다
- □ 強(つよ)い 강하다
- □ 引(ひ)っ越(こ)し 이사
- □ 前(まえ)は 예전에는
- □ 気(き)がする 생각(느낌)이 들다
- □ 秘訣(ひけつ) 비결
- □ 部屋(へや) 방
- □ 人前(ひとまえ)で 다른 사람 앞에서
- □ オシャレだ 멋쟁이다, 센스있게 멋지다

58 〜しかない (~밖에 없다)

勝つにはこれしかない。

이기기 위해서는 이것밖에 없어.

주인공이 절박한 상황에서 유일한 방법을 택하는 장면에 쓰이는 대사입니다. 선택지가 없고, 그 방법 외엔 다른 수가 없을 때 자주 쓰여요. 정중하게 말할 땐「〜しかありません」을 사용합니다.

애니 속 그 말, 이렇게 만든다!

동사		
自炊する 직접 만들어 먹다	→	自炊するしかない 직접 만들어 먹을 수밖에 없다
信じる 믿다	→	信じるしかない 믿을 수밖에 없다
作る 만들다	→	作るしかない 만들 수밖에 없다
買う 사다	→	買うしかない 살 수밖에 없다
上手くなる 잘하게 되다	→	上手くなるしかない 잘하게 될 수밖에 없다

뒤에 + しかない 붙이기!

현실에선 이렇게 말한다!

~しかない

~밖에 없다

동사

学(がく)生(せい)の頃(ころ)はお金(かね)がなくて、自(じ)炊(すい)するしかありませんでした。

학생 때는 돈이 없어서 집밥을 해 먹을 수밖에 없었어요.

最(さい)後(ご)は自(じ)分(ぶん)を信(しん)じるしかない気(き)がする。

마지막엔 스스로를 믿는 수밖에 없을 것 같아.

冷(れい)蔵(ぞう)庫(こ)に何(なに)もないから、あるもので作(つく)るしかないな。

냉장고에 아무것도 없으니까, 있는 재료로 만들 수밖에 없겠네.

POINT!
'있는 재료로 만들다'는 일본어에서 「あるもので作(つく)る」처럼 말해요. 현실에서 자주 나오는 표현이니 기억해 두면 좋아요.

もうお店(みせ)閉(し)まってるし、コンビニで買(か)うしかないかもね。

가게는 이미 닫았으니까 편의점에서 사는 수밖에 없을지도 몰라.

POINT!
일상 대화에서는 이유를 말할 때 「~し」를 자주 써요. '다른 이유도 있지만 이런 이유가 크니까 이렇게 하자'는 뉘앙스예요.

練(れん)習(しゅう)して上(うま)手(手)くなるしかないね！

연습해서 실력을 늘리는 수밖에 없지!

 단어 Check!

- □ 勝(か)つ 이기다
- □ 自炊(じすい)する 밥을 해먹다
- □ 冷蔵庫(れいぞうこ) 냉장고
- □ コンビニ 편의점
- □ 頃(ころ) 때, 무렵
- □ 最後(さいご) 마지막
- □ 閉(し)まる 닫히다, 끝나다
- □ 練習(れんしゅう)する 연습하다
- □ お金(かね) 돈
- □ 自分(じぶん) 자신, 자기
- □ ~し ~하고, ~해서
- □ 上手(うま)い 잘하다

59 〜ことができる (~할 수 있다)

扱(あつか)うことができる魔法(まほう) ー

다룰 수 있는 마법 ー

주인공 본인이 마법을 쓸 수 있는 능력을 가지고 있다고 깨닫는 장면에서 쓰이는 대사입니다. 가능함을 표현할 때 편리한 문형이에요. 또 문장이 길어 조금 딱딱한 뉘앙스도 있기 때문에 설명 및 공지 등 공식적인 경우에도 자연스럽게 사용할 수 있습니다.

애니 속 그 말, 이렇게 만든다!

동사		
編集(へんしゅう)する 편집하다	→	編集(へんしゅう)することができる 편집할 수 있다
予約(よやく)する 예약하다	→	予約(よやく)することができる 예약할 수 있다
調(しら)べる 조사하다, 찾다	→	調(しら)べることができる 조사할 수 있다, 찾을 수 있다
撮(と)る (사진 등을) 찍다	→	撮(と)ることができる (사진 등을) 찍을 수 있다
遊(あそ)ぶ 놀다	→	遊(あそ)ぶことができる 놀 수 있다

뒤에 + ことができる 붙이기!

현실에선 이렇게 말한다!

~ことができる / ~할 수 있다

(동사)

最近はスマホで簡単に動画を編集することができるので、発信する人が増えました。

요즘은 스마트폰으로 간단히 영상을 편집할 수 있어서, 정보를 올리는 사람이 많아졌어요.

POINT!
SNS 등에 업로드하여 공유하는 것을 일본에서는 「発信(はっしん)する」(발신하다)라고 해요.

このお店はネットから予約することもできます。

이 가게는 인터넷으로 예약할 수도 있어요.

POINT!
「インターネット」(인터넷)는 주로 줄임말인 「ネット」(넷)로 써요.

スマホですぐに調べることができるから、逆に考えなくなったと思わない？

스마트폰으로 바로 찾아볼 수 있으니까, 오히려 생각을 안 하게 된 것 같지 않아?

POINT!
일상 회화에서 자주 쓰이는 「逆(ぎゃく)に(반대로, 역으로)」는 한국어로 '오히려'라고 번역하면 자연스러운 경우가 많아요.

このエリアでは自由に写真を撮ることができます。

이 구역에서는 자유롭게 사진을 찍을 수 있어요.

ボードゲームは友達と一緒に遊ぶことができる点が好きです。

보드게임은 친구들과 함께 즐길 수 있다는 점이 좋아요.

 단어 Check!

- 扱(あつか)う 다루다, 취급하다
- 動画(どうが) 영상
- 増(ふ)える 늘어나다
- エリア 구역
- スマホ 스마트폰
- 編集(へんしゅう)する 편집하다
- 逆(ぎゃく)に 반대로, 거꾸로
- 自由(じゆう)に 자유롭게
- 簡単(かんたん)に 간단하게
- 発信(はっしん)する 발신하다
- 考(かんが)える 생각하다
- 点(てん) 점

60 〜(ら)れる (~할 수 있다)

俺(おれ)にも魔法(まほう)が使(つか)えるんだと!?

나도 마법을 쓸 수 있다고!?

주인공이 자신의 능력에 놀라는 장면에서 쓰이는 대사입니다. 「〜ことができる」에 비해 짧고 빠르게 말할 수 있어서 회화에서 자주 쓰여요. 「来(こ)られる」와 2그룹 동사의 「〜られる」는 실제 회화에서는 「来(こ)れる/〜れる」처럼 ら를 생략하는 경우가 많아요. 캐주얼한 표현이니 친한 사이에서 써 보세요!

 애니 속 그 말, 이렇게 만든다!

3그룹 する와 来る 단 2개

| 変更(へんこう)する → 変更(へんこう)できる |
| 변경하다 / 변경할 수 있다 |

| 来(く)る → 来(こ)られる / 来(こ)れる |
| 오다 / 올 수 있다 |

통째로 외우기!

2그룹 끝이 る이고 る 앞 글자가 い단/え단

| 見(み)る → 見(み)(ら)れる |
| 보다 / 볼 수 있다 |

| 預(あず)ける → 預(あず)け(ら)れる |
| 짐 등을 맡기다 / 맡길 수 있다 |

る를 (ら)れる로 바꾸기!

1그룹 3그룹도 2그룹도 아닌 동사

| 申(もう)し込(こ)む → 申(もう)し込(こ)める |
| 신청하다 / 신청할 수 있다 |

| 使(つか)う → 使(つか)える |
| 사용하다/쓰다 / 사용할 수 있다 / 쓸 수 있다 |

끝 글자를 え단으로 바꾸고 る 붙이기!

현실에선 이렇게 말한다!

~(ら)れる

~할 수 있다

3그룹

予約<ruby>よやく</ruby>したキムなんですけど、予約<ruby>よやく</ruby>の変更<ruby>へんこう</ruby>ってできますか?

예약한 김인데요, 혹시 예약 변경은 가능한가요?

POINT!

실제 회화에서는 주어 뒤「は」(은/는) 대신「って」를 쓰는 경우가 많아요.「って」로 말문을 여는 표현은 한국어로 '혹시 ○○ 있잖아요'와 비슷한 뉘앙스예요!

2그룹

ここね、花火<ruby>はなび</ruby>がめっちゃきれいに見<ruby>み</ruby>れる穴場<ruby>あなば</ruby>スポットなんだよ。

여기 말이야, 불꽃놀이를 엄청 예쁘게 볼 수 있는 숨은 명소야.

荷物<ruby>にもつ</ruby>って何時<ruby>なんじ</ruby>まで預<ruby>あず</ruby>けられますか?

혹시 짐은 몇 시까지 맡길 수 있어요?

1그룹

申<ruby>もう</ruby>し込<ruby>こ</ruby>みしたいんですけど、まだ申<ruby>もう</ruby>し込<ruby>こ</ruby>めますか?

신청하고 싶은데요, 아직 신청할 수 있나요?

すいません、ここってクレジットも使<ruby>つか</ruby>えますか?

저기요, 혹시 여기 신용카드 쓸 수 있나요?

POINT!

'신용카드'는「クレジットカード」라고 하는데 회화에서는「クレジット」아니면「カード」로 단어의 일부만 쓸 때가 많은 것 같아요.

 **단어 Check!**

- 使(つか)う 쓰다
- 予約(よやく)する 예약하다
- 変更(へんこう)する 변경하다
- って (혹시) 은/는
- 花火(はなび) 불꽃놀이
- きれいに 예쁘게
- 穴場(あなば)スポット 숨은 명소
- 荷物(にもつ) 짐
- 預(あず)ける 맡기다
- 申(もう)し込(こ)み 신청
- まだ 아직
- クレジット 신용 카드

61. ～ようになる (~하게 되다, ~할 수 있게 되다)

ついに使（つか）えるようになった！

드디어 쓸 수 있게 됐다!

드디어 마법을 쓸 수 있게 된 주인공이 감탄하는 장면에서 쓰이는 대사입니다. 지금까지 못 하던 것을 이제는 할 수 있게 되었을 때 등 변화를 표현할 때 사용해요.

애니 속 그 말, 이렇게 만든다!

동사

| する | → | できるようになる |
| 하다 | | 할 수 있게 되다 |

| 見（み）る | → | 見（み）られるようになる |
| 보다 | | 볼 수 있게 되다 |

| 食（た）べる | → | 食（た）べられるようになる |
| 먹다 | | 먹을 수 있게 되다 |

| 書（か）く | → | 書（か）けるようになる |
| 쓰다 | | 쓸 수 있게 되다 |

| 話（はな）す | → | 話（はな）せるようになる |
| 말하다 | | 말할 수 있게 되다 |

동사 가능형으로 바꾸고 + ようになる 붙이기!

현실에선 이렇게 말한다!

~ようになる

-하게 되다

（동사）

AIでなんでもできるようになったけど、逆に深く考えなくなった気もする。

AI로 뭐든 할 수 있게 됐지만, 오히려 깊이 생각하지 않게 된 것도 같아.

POINT!
「~けど」를 사용할 때 한국어와 다른 점이 있어요. 「けど」 앞의 문장 형태가 반말이면 뒤 문장에 존댓말을 써도 반말처럼 받아들이게 돼요. 정중하게 말하고 싶으면 「~ですけど/ますけど/ましたけど」 등 앞의 문장도 정중한 형태로 맞춰 주세요!

アニメを字幕なしで見れるようになりたいです。

애니메이션을 자막 없이 볼 수 있게 되고 싶어요.

POINT!
「見(み)られる」가 문법적으로 맞지만 실제 회화에서는 「見(み)れる」라고 많이 해요!

大人になって、食べれるようになったものとかありますか。

어른이 되고 나서 먹을 수 있게 된 음식 같은 거 있으세요?

POINT!
「もの」는 '물건', '것'을 뜻해요. 비슷한 표현으로 「こと」가 있는데 한국어 번역은 똑같이 '것'이지만 '경험한 것'처럼 물건이 아닌 경우에 쓰니까 차이를 기억해 두세요!

やっとひらがなとカタカナを書けるようになりました。

드디어 히라가나랑 가타카나를 쓸 수 있게 됐어요.

最近日本語がちょっとずつ話せるようになって、嬉しいです。

요즘 일본어를 조금씩 말할 수 있게 돼서 기뻐요.

 단어 Check!

- □ ついに 드디어, 마침내
- □ 逆(ぎゃく)に 오히려, 반대로
- □ なし 없음(ない의 명사형)
- □ やっと 드디어, 겨우
- □ なんでも 뭐든지
- □ 深(ふか)く 깊이
- □ 大人(おとな) 어른
- □ 書(か)く 쓰다, 적다
- □ できる 가능하다, 할 수 있다
- □ 字幕(じまく) 자막
- □ ~とか ~라든가, ~같은(예시)
- □ ちょっとずつ 조금씩

My story

성장은 갑자기 찾아온다

공부하다 보면 성장감이 잘 안 느껴져 힘들 때가 있죠.

꾸준히 공부하고 있다면
그건 갑자기 성장하기 전에 나타나는 징조일 거예요.

저는 초등학생 때 배구를 했었는데
그때 이런 말을 들었어요.

"높이 날기 위해서는 그 전 동작이 중요하다.
발로 땅을 세게 딛고 깊이 숙인 다음 잘 기다려야 한다."

스파이커였던 저는 다른 사람보다
높게 뛸 필요가 있었어요.

그러기 위해 그 전 동작에서 다른 사람보다
꾹 참고 잘 준비하는 것에 집중했어요.

기억하세요.

==높이 날기 위해서는 그 전 단계에서 꼭 참아야 할 시간이 와요.==

그 때 힘을 빼면 그대로 무너지고,
힘주고 참는다면 더 높이 올라가
지금까지 보지 못한 풍경을 볼 수 있을 거예요.

성장은 갑자기 찾아오니까요.

62 ～たら ((만약) ~하면, ~라면)

もし僕にもっと力があったら…

만약 내게 더 많은 힘이 있었다면…

동료를 구하지 못한 주인공이 후회하는 장면에서 쓰이는 대사입니다. 현실이든, 가상의 상황이든 어떤 조건을 설정하는 표현이고, 가정형이라 불리는 네 가지 표현[~たら/~ば/~と/~なら] 중 일상 대화에서 가장 많이 사용되는 표현이에요. 무엇을 써야 할지 고민된다면, 일단 이 표현을 써 보세요!

애니 속 그 말, 이렇게 만든다!

동사	当たる 당첨되다	→	当たったら 당첨되면
	晴れる 날씨가 맑아지다	→	晴れたら 날씨가 맑아지면 / 날씨가 좋으면
い형용사	寒い 춥다	→	寒かったら 추우면
な형용사	暇だ 한가하다	→	暇だったら 한가하면 / 시간 있으면
명사	嘘 거짓말	→	嘘だったら 거짓말이면

과거형으로 바꾸고 + ら 붙이기

현실에선 이렇게 말한다!

동사

宝くじに当たったら、何がしたいですか？
복권에 당첨되면, 뭘 하고 싶어요?

明日晴れたら、ドライブでもしよっか？
내일 날씨 좋으면 드라이브라도 할까?

い형용사

寒かったら教えて。エアコンの温度上げるから。
추우면 말해 줘. 에어컨 온도 올릴 테니까.

な형용사

おつかれ～！明日もし暇だったら一緒に映画でもどう？
안녕~! 내일 혹시 시간 있으면 같이 영화라도 볼래?

POINT!
일본에서는 친구끼리 인사할 때도 '수고해'라는 표현을 자주 써요. 상대에 따라 말투가 달라지는데, 윗사람한테는 「お疲(つか)れ様(さま)です」, 좀 더 친한 선배한테는 「おつです」, 반말하는 사이에서는 「おつかれ」/「おつ」등을 사용해요! 메시지로 주고받을 때는 딱딱한 느낌을 없애기 위해 물결표(~)를 자주 사용하는 것도 기억해 주세요!

명사

嘘だったらマジで許さないからね。
거짓말이면 진짜로 용서 안 할 거니까.

POINT!
「マジで」(진짜로)는 비교적 젊은 층이 캐주얼하게 쓰는 말투입니다. 「マジうまい」(진짜 맛있다)처럼 で를 빼고 말하기도 합니다. 한국의 '맛이 미쳤다', '개맛있다'의 느낌이랑 비슷해요.

 **단어 Check!**

- 宝(たから)くじ 복권
- ドライブする 드라이브하다
- 温度(おんど) 온도
- 嘘(うそ) 거짓말
- 当(あ)たる 당첨되다
- ~でも ~라도
- 上(あ)げる 올리다
- マジで 진짜로
- 晴(は)れる 날씨가 좋다, 맑아지다
- 寒(さむ)い 춥다
- 暇(ひま)だ 심심하다, 한가하다
- 許(ゆる)す 용서하다

~たら

(만약) ~하면, ~라면

63 〜ば (~하면)

この杖を使えばきっと大丈夫。
（つえ つか　　　　　だいじょうぶ）

이 지팡이를 사용하면 분명 괜찮을 거야.

마법을 쓰는 법에 대해 주인공에게 가이드를 하는 장면에서 쓰이는 대사입니다. 'A하면 B가 된다'처럼 B를 달성하기 위한 조건을 나타내요. 「〜たら」와 겹치는 부분도 있지만 조금 더 조건에 포커스가 맞춰져 있고, 살짝 딱딱하고 공식적인 뉘앙스가 있어 조언이나 안내를 할 때 사용하면 자연스러워요.

 애니 속 그 말, 이렇게 만든다!

동사

ログインする 로그인하다	→ ログインすれば 로그인하면
言う (い) 말하다	→ 言えば (い) 말하면
頑張る (がんば) 열심히 하다	→ 頑張れば (がんば) 열심히 하면

> 끝 글자를 え단으로 바꾸고 + ば 붙이기

い형용사

早い (はや) 빠르다	→ 早ければ (はや) 빠르면
安い (やす) 싸다	→ 安ければ (やす) 싸면

> 끝 글자를 빼고 + ければ 붙이기

현실에선 이렇게 말한다!

동사

ログインすれば見ることができます。
로그인하면 볼 수 있어요.

早く好きって言えばいいのに。
告るタイミングじゃん！
빨리 좋아한다고 말하면 될 텐데. 고백할 타이밍이잖아!

POINT!
「~ばいい」(~면 된다)의 형태로 자주 쓰이니 기억해 주세요!

今頑張れば頑張るほど後から楽になる。
そう思って頑張りましょう！
지금 열심히 하면 열심히 할수록 나중에 편해진다. 그렇게 생각하면서 힘냅시다!

POINT!
「~ば~ほど」(~하면 ~할수록)의 형태로 자주 쓰이니 기억해 주세요!「ほど」앞에는 동사의 사전형을 가져오면 돼요!

い형용사

早ければ明日の朝到着する予定らしいです。
빠르면 내일 아침에 도착할 예정이래요.

安ければ安いほど売れる時代ではないと思います。
싸면 쌀수록 잘 팔리는 시대는 아니라고 생각해요.

 단어 Check!

- 杖(つえ) 지팡이
- ログインする 로그인하다
- 今(いま) 지금
- 安(やす)い 싸다
- 使(つか)う 쓰다, 사용하다
- 告(こく)る 고백하다
- 頑張(がんば)る 열심히 하다
- 売(う)れる 팔리다
- きっと 분명
- タイミング 타이밍
- 楽(らく)になる 편해지다
- 時代(じだい) 시대

~ば
~하면

64 〜と (~하면, ~하자, ~하니)

俺が負けると終わりなんだ。

> 내가 지면 끝인 거야.

주인공이 절실한 마음을 드러내는 장면에서 나오는 대사입니다. 이 표현은 앞의 행동이나 일이 일어나면 당연히 뒤의 상황이나 사실이 일어난다는 느낌을 줄 때 사용합니다. 기계 조작이나 길 안내, 자연 현상 관련 표현에도 자주 쓰여요!

애니 속 그 말, 이렇게 만든다!

동사

押す 누르다	→	押すと 누르면 / 누르자
春になる 봄이 되다	→	春になると 봄이 되면 / 봄이 되자
行く 가다	→	行くと 가면 / 가니
曲がる 꺾다 / 돌다	→	曲がると 꺾으면 / 꺾자
食べすぎる 너무 많이 먹다	→	食べすぎると 너무 많이 먹으면 / 너무 많이 먹으니

> 뒤에 + と 붙이기!

현실에선 이렇게 말한다!

 ここを押すと、電源が入ります。
여기를 누르면 전원이 켜집니다.

ここは春になると、桜がすごいきれいなんです。
여기는 봄이 되면 벚꽃이 정말 예쁘거든요.

POINT!
문법적으로는 すごく가 맞는데 실생활에선 すごく보다 すごい를 부사처럼 사용합니다.

この道をまっすぐ行くと、コンビニがあります。
이 길을 쭉 가면 편의점이 있어요.

突き当たりを右に曲がると、入口が見えます。
막다른 곳에서 오른쪽으로 돌면 입구가 보여요.

POINT!
길 안내에서「突(つ)き当(あ)たり」(막다른 곳)라는 표현을 정말 자주 쓰니까 기억해 두세요!

食べすぎると眠くなっちゃうよね(笑)。
너무 많이 먹으면 졸리지ㅎㅎ.

POINT!
笑(わら)는 '웃음'을 뜻하는 한자로, 메신저나 온라인 댓글에서 자주 쓰이는 표현이에요. 한국어의 'ㅋㅋ'나 'ㅎㅎ'처럼 가볍게 웃는 느낌을 전할 때 사용돼요. 또한 요즘은「草(くさ)」라는 표현도 많이 써요.「笑(わら)う」의 영어 표기인「warau」의 머리 글자를 이용해 'www'라고 표현하는데 이것이 풀(草)처럼 보인다는 데서 유래했으며, 메시지는 물론 실제 대화 중에도 "くさ！" 이렇게 말하기도 하니 함께 알아 두면 좋아요!

 **단어 Check!**

- □ 負(ま)ける 지다
- □ 終(お)わり 끝
- □ 押(お)す 누르다
- □ 電源(でんげん) 전원
- □ 入(はい)る 들어가(오)다
- □ 春(はる) 봄
- □ まっすぐ 쭉, 곧장
- □ 突(つ)き当(あ)たり 막다른 곳
- □ 右(みぎ) 오른쪽
- □ 曲(ま)がる 돌다, 꺾다
- □ 入口(いりぐち) 입구
- □ 眠(ねむ)い 졸리다

65 〜なら (~하면, ~라면)

君(きみ)ならできると信(しん)じてる。

> 너라면 할 수 있다고 믿어.

주인공이 조상님의 영혼을 만나 조언을 듣는 장면에서 쓰이는 대사입니다. '그 친구가 가면 나도 가!'처럼 말하는 사람의 의지, 판단을 위한 가정의 뉘앙스가 강하게 들어가 있는 게 특징이에요. 'A한다? 그럼 B야!'가 성립되는 문장이면 사용할 수 있어요!「〜たら」와 겹치는 부분도 있지만 주로 미래의 이야기를 가정할 때 자주 사용해요.

애니 속 그 말, 이렇게 만든다!

동사
- 来(く)る 오다 → 来(く)るなら 올 거면
- 買(か)う 사다 → 買(か)うなら 살 거면

い형용사
- 怖(こわ)い 무섭다 → 怖(こわ)いなら 무섭다면

> 뒤에 + なら 붙이기!

な형용사
- 暇(ひま)だ 한가하다 → 暇(ひま)なら 한가하면

> だ를 빼고 + なら 붙이기!

명사
- プロ 프로(=전문가) → プロなら 프로라면

> 뒤에 + なら 붙이기!

현실에선 이렇게 말한다!

동사

来(く)るなら連絡(れんらく)して。席用意(せきようい)しとく！
올 거면 연락해. 자리 준비해 둘게!

POINT!
「〜しとく」는「〜しておく」의 축약형이에요.

もし買(か)うなら、これがおすすめ！
만약에 살 거면 이게 추천이야!

い형용사

雷(かみなり)そんなに怖(こわ)いなら、一緒(いっしょ)に寝(ね)てあげよっか？
번개가 그렇게 무섭다면, 같이 자 줄까?

POINT!
「〜てあげよっか」(~해 줄까?)는「〜てあげようか」의 회화체 표현으로 다정한 느낌으로 상대를 위해 도와준다는 느낌으로 제안할 때 사용하는 말이에요! 다만「〜てあげる」에는 '내가 일부러 해준다'라는 뉘앙스가 있기 때문에 상대가 원하지 않는 상황에서 쓰면 오히려 상대가 불쾌하게 느낄 수 있어요. 연인 관계나 친한 친구 사이에서 쓰면 좋아요!

な형용사

暇(ひま)なら、映画(えいが)でも観(み)に行(い)かない？
시간 있으면 영화라도 보러 가지 않을래?

POINT!
「暇(ひま)なら」는 직역하면 '한가하면'이지만, '시간 있으면'으로 해석하면 좋아요.

명사

プロなら、自分(じぶん)の仕事(しごと)に責任(せきにん)を持(も)つと思(おも)います。
프로라면 자기 일에 책임을 질 거라고 생각해요.

~なら

~하면, ~라면

- できる 할 수 있다
- 用意(ようい)する 준비하다, 마련하다
- 雷(かみなり) 번개
- プロ 프로
- 信(しん)じる 믿다
- もし 만약에
- 怖(こわ)い 무섭다
- 責任(せきにん) 책임
- 席(せき) 자리, 좌석
- おすすめ 추천
- 寝(ね)る 자다
- 持(も)つ 가지다

66 〜てください (~해 주세요)

必ず…助けてください！
かなら　　たす

꼭… 살려 주세요!

위험에 처한 동료가 주인공에게 마지막 부탁을 외치는 장면에서 쓰이는 대사입니다. 상대방에게 어떤 행동을 부탁하거나 요청할 때 사용할 수 있지만 아무래도 명령형이기 때문에 실제 대화에서 쓸 때는 주의가 필요합니다. 직원이 지시할 때 자주 하는 말이니 듣기를 잘 할 수 있게 연습해보세요! 또한 「ください」를 빼고 말하면 '~해 줘'라는 반말 표현을 만들 수 있어요!

애니 속 그 말, 이렇게 만든다!

 동사

紹介する しょうかい 소개하다	→	紹介してください しょうかい 소개해 주세요
教える おし 가르치다, 알려 주다	→	教えてください おし 가르쳐 주세요 / 알려 주세요
待つ ま 기다리다	→	待ってください ま 기다려 주세요
聞く き 묻다 / 듣다	→	聞いてください き 물어봐 주세요 / 들어 주세요
笑う わら 웃다	→	笑ってください わら 웃어 주세요

て형으로 바꾸고 + ください 붙이기!

현실에선 이렇게 말한다!

~てください
~해 주세요

[동사]

いい人いたら紹介してください。
좋은 사람 있으면 소개해 주세요.

POINT!
일본에서는 한국만큼 소개팅 문화가 일반적이지 않기 때문에 이 표현이 다소 직접적이거나 부담스럽게 들릴 수 있어요. 그래서 이 말을 할 땐 농담처럼 가볍게 말하거나, 웃으면서 분위기를 부드럽게 만드는 게 좋아요!

お名前とご住所を教えてください。
성함과 주소를 알려 주세요.

POINT!
「教(おし)える」는 '가르치다'뿐만 아니라 '알려 주다'라는 뜻도 있어요!

待って。めっちゃかわいい!ラブなんだけど。
잠깐! 엄청 귀엽잖아! 너무 좋은데?

POINT!
「待(ま)って」는 원래 '기다려 줘'라는 뜻이지만 '잠깐만', '헉', '뭐야, 이거' 같은 리액션의 표현이에요. 또한 「ラブ」는 영어 'love'에서 온 말로 '좋아해', '맘에 든다', '최애야' 등 상황에 따라 다양하게 해석할 수 있어요.

質問があれば、なんでも聞いてください。
질문이 있으면 뭐든지 물어봐 주세요.

POINT!
「聞(き)く」는 '듣다'뿐만 아니라 '물어보다'라는 뜻도 있다는 거 꼭 기억해 주세요!

はい、撮りますよー!みなさん笑って!
はい、チーズ!
자, 찍을게요~! 모두 웃어~! 자, 치~즈!

POINT!
사진을 찍을 때 일본에서는 김치가 아니라 「チーズ(치즈)」를 외칩니다. 영어권의 'say cheese!'에서 유래됐어요.

단어 Check!

- □ 必(かなら)ず 반드시, 꼭
- □ お名前(なまえ) 성함
- □ かわいい 귀엽다
- □ 笑(わら)う 웃다
- □ 助(たす)ける 돕다, 살리다
- □ ご住所(じゅうしょ) 주소
- □ 質問(しつもん) 질문
- □ 聞(き)く 듣다, 묻다
- □ 紹介(しょうかい)する 소개하다
- □ 待(ま)つ 기다리다
- □ ある (사물, 식물이) 있다
- □ 撮(と)る (사진 등을) 찍다

67 〜ないでください (~하지 마세요)

私のこと忘れないでくださいね。

나를 잊지 마요.

떠나는 동료가 마지막에 주인공에게 말하는 장면에서 쓰이는 대사입니다. 정중하게 어떤 행동을 하지 말라고 부탁할 때 사용하는 표현이에요. 「〜ないで」로 끝나면 반말이 되고, 문장 중간에 오면 '~하지 말고'라는 뜻으로 사용돼요!

애니 속 그 말, 이렇게 만든다!

동사

ネタバレする 스포하다	→	ネタバレしないでください 스포하지 마세요
来る 오다	→	来ないでください 오지 마세요
忘れる 잊다	→	忘れないでください 잊지 마세요
笑う 웃다	→	笑わないでください 웃지 마세요
言う 말하다	→	言わないでください 말하지 마세요

ない형으로 바꾸고 + でください 붙이기

현실에선 이렇게 말한다!

~ないでください
~하지 마세요

(동사)

ネタバレしないでって言ったのに、普通にネタバレされた。

스포하지 말라고 했는데, 아무렇지도 않게 스포당했어.

POINT!
「ネタバレ」는 「ネタ(내용)」와 「バレる(들통나다)」의 합성어예요. 「普通(ふつう)に」의 원래 의미는 '보통, 일반적으로'이지만, 문맥에 따라 '그냥, 아무렇지도 않게'라고도 해석하고, 「普通(ふつう)に可愛い」(꽤 귀여워)처럼 형용사랑 같이쓰면 '꽤, 생각보다'라는 의미가 돼요. 일상 회화에서 자주 쓰니 꼭 기억해 주세요!

くさっ! そこでストップ! こっち来ないで!

으, 냄새! 거기서 멈춰! 이쪽으로 오지 마!

POINT!
놀란 리액션을 할 때 「くさい」가 「くさっ」처럼 끝이 짧아져요. い형용사의 마지막 글자인 「い」가 빠지고 「っ」으로 바뀌었다고 생각하면 돼요! 또한 '이쪽으로'는 「こっちに」가 맞지만 회화에서는 「に」를 생략할 수 있어요.

パスポート忘れないで持ってきてね。

여권 잊지 말고 가져와.

絶対笑わないでくださいよ。実は…。

진짜 절대로 웃지 마요. 사실은….

POINT!
「~よ」는 상대방에게 내용을 전달하는 뉘앙스가 생겨 내 감정이 담긴 부탁이 돼요. 여기서는 나는 진심이니까 웃지 말라는 뉘앙스가 추가돼요.

このこと誰にも言わないでくださいね。

이 일은 아무한테도 말하지 말아 주세요, 알겠죠?

POINT!
마지막에 「~ね」를 붙이면 공감을 요청하는 의미가 더해져 다시 한 번 확인하고 강조하는 뉘앙스가 생겨요!

 **단어 Check!**

- □ 忘(わす)れる 잊다
- □ 普通(ふつう)に 보통, 그냥, 꽤
- □ こっち 이쪽
- □ 絶対(ぜったい) 절대로
- □ ネタバレ 스포일러
- □ くさい 냄새나다
- □ パスポート 여권
- □ 実(じつ)は 실은
- □ ~のに ~인데
- □ ストップ 스톱(stop)
- □ 持(も)ってくる 가져오다
- □ こと 것, 일

My story

피곤함을 핑계로 하지 않고 오늘도 한다

여러분은 아침형 인간인가요?
아니면 저녁형 인간인가요?

저는 아침형 인간이라 생각했는데
요즘에는 저녁에도 작업을 하는 편이에요.

자기 전에 작업을 하면 오늘 할 일을 다 마무리하고
자는 느낌이 들어서 그게 너무 기분 좋더라고요.

다음 날 하려고 일을 남기면, 일어나서 꼭
전날 피로가 안 풀렸다고 핑계를 만들어
안 하게 되더라고요.

그리고 오전에는 갑자기 변수가 생기기도 하고 은근히 바빠요.

그래서 핑계를 없애기 위해 저는 밤에 작업을 해요.

==피곤하니까 다음에 한다는 마인드에서==
==피곤해도 조금은 한다는 마인드로!==

오늘 하루를 되돌아봤을 때 조금이라도 했다는 사실이
나의 노력을 증명해 주고,
오히려 피로를 없애 주는 마법의 약이 될 거예요.

제 12화
존경하는 스승을 만나다
높임말 표현

- **68** 胸に刻む師匠のお言葉—
  가슴에 새기는 스승님의 말씀—
- **69** 師匠はご機嫌斜め。
  스승님은 기분이 언짢으시다.
- **70** 私の必殺技をお見せしましょう。
  제 필살기를 보여 드리겠습니다.
- **71** これが師匠の使われる技。
  이것이 스승님이 사용하시는 기술이다
- **72** その技、使わせていただきます！
  그 기술, 제가 사용하겠습니다!

| My story |
커피가 나의 필살기

68 お〜(미화어(존경 표현))

胸に刻む師匠のお言葉 ―
(むね) (きざ) (ししょう) (ことば)

가슴에 새기는 스승님의 말씀 ―

마왕을 쓰러뜨릴 힘을 얻기 위해 스승에게 조언을 듣는 장면에서 쓰이는 대사입니다. 명사 앞에「お」또는「ご」를 붙이는 표현을 '미화어'라고 해요. 명사에 존경의 뉘앙스를 추가하는 방법으로 격식 있는 말을 할 때 자주 사용돼요.「お」부터 살펴볼까요?「お」가 붙는 단어는 훈독으로 읽는 단어(순일본어)입니다.

애니 속 그 말, 이렇게 만든다!

고유어			
훈독으로 읽는 명사	名前(なまえ) 이름	→	お名前(なまえ) 성함
	金(かね) 돈	→	お金(かね) 돈
	水(みず) 물	→	お水(みず) 물
	酒(さけ) 술	→	お酒(さけ) 술
	時間(じかん) 시간 ※예외(음독 한자)	→	お時間(じかん) 시간

앞에 + お 붙이기!

현실에선 이렇게 말한다!

 お名前を伺ってもよろしいでしょうか？

성함을 여쭤봐도 괜찮을까요?

POINT!

높임말에서는 단어 자체가 바뀔 때가 많아요! 「聞(き)く」(묻다)는 「伺(うかが)う」(여쭙다) / 「いい」(좋다)는 「~よろしい」(괜찮다) / 「~ですか」(~입니까)는 「~でしょうか」(~이십니까?)가 돼요.

副業でお金を稼ぎました。

부업으로 돈을 벌었어요.

POINT!

특별한 단어뿐 아니라 일상적인 단어에도 「お」와 「ご」를 붙여 말할 때가 많아요. 일본 사람으로서는 습관적으로 붙이는 느낌이니 단어 자체로 기억하는 것도 좋아요!

すいません、お水をいただけますか？

저기 혹시 물 좀 주시겠어요?

POINT!

「お水(みず)」라고 해도 되지만 가게에서는 「お冷(ひや)」(찬 물) 또는 「お湯(ゆ)」(따뜻한 물)라고 구분해서 말해요. 여행 때도 이 단어를 쓰면 원어민스러워요!

お酒は何がお好きですか？

술은 어떤 걸 좋아하세요?

POINT!

정중하게 상대방의 취향을 물을 때는 「お好(す)き」라고 하니 기억해 두세요!

来週の水曜日はお時間いかがですか。

다음 주 수요일 시간 괜찮으신가요?

POINT!

「時間(じかん)」은 음독으로 읽는 한자어라서 「ご」가 붙어야 할 것 같지만, 예외적으로 「お」를 붙여서 말해요! 다른 예외 단어로는 「お茶(ちゃ)」(차) 등이 있어요!

단어 Check!

- 胸(むね) 가슴
- 刻(きざ)む 새기다
- 師匠(ししょう) 스승
- 伺(うかが)う 여쭙다
- よろしい 좋다, 괜찮다(よい의 공손한 말씨)
- 副業(ふくぎょう) 부업
- 稼(かせ)ぐ 돈을 벌다
- お冷(ひや) 냉수, 찬물
- いただく 받다(もらう의 공손한 말씨)
- ~が好(す)きだ ~를 좋아하다
- 来週(らいしゅう) 다음 주
- 水曜日(すいようび) 수요일

69 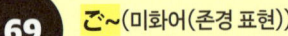(미화어(존경 표현))

師匠はご機嫌斜め。
(し　しょう)　(き　げん　なな)

> 스승님은 기분이 언짢으시다.

주인공이 뭔가 실수를 해서 스승이 화가 난 장면에서 쓰이는 대사입니다. 앞에서 훈독으로 읽는 단어(순일본어)는 명사 앞에 「お」를 붙인다고 했는데요, 음독으로 읽는 단어(한자어) 앞에는 「ご」를 붙입니다. 이번에는 「ご」가 붙는 표현을 알아볼까요?

🧪 애니 속 그 말, 이렇게 만든다!

한자어
음독으로 읽는 명사

予約 (よやく) 예약	→	ご予約 (よやく) 예약
飯 (めし) 밥 ※예외(훈독 명사)	→	ご飯 (はん) 밥
注文 (ちゅうもん) 주문	→	ご注文 (ちゅうもん) 주문
利用 (りよう) 이용	→	ご利用 (りよう) 이용
確認 (かくにん) 확인	→	ご確認 (かくにん) 확인

앞에 + ご 붙이기!

현실에선 이렇게 말한다!

ご予約のパク様ですね。こちらへどうぞ。
예약하신 박 님이시죠? 이쪽으로 오세요.

POINT!
「どうぞ」는 상대방을 허가하는 뜻이 담긴 표현이라 문맥에 따라 한국어 번역이 달라져요.
「こちらへどうぞ」는 가게 직원이 안내할 때 자주 쓰는 표현이니 통째로 외워 두면 좋아요!

週末、ご飯でもどう。
주말에 밥이라도 같이 어때?

POINT!
「ご飯(はん)」은 미화어이지만 회화에서는 반말에서도 자연스럽게 사용돼요.

ご注文繰り返します。鯖定食が一つ…。
주문 확인하겠습니다. 고등어 정식 하나….

POINT!
「繰(く)り返(かえ)す」는 직역하면 '되감아 되돌리다'로, '반복하다'라는 뜻으로 쓰여요.
같은 상황이라도 한국과 일본에서 쓰는 단어가 다를 수 있으니 주의하세요!

いつもご利用ありがとうございます。
늘 이용해 주셔서 감사합니다.

ご確認のほど、よろしくお願いいたします。
확인을 잘 부탁드립니다.

POINT!
「～を」를 경어로는 「～のほど」라고 해요! 「ご理解(りかい)のほど」(이해를), 「ご協力(きょうりょく)のほど」(협조를) 등 무언가를 부탁할 때 자주 들을 수 있는 표현이에요.

단어 Check!
- □ 機嫌(きげん) 기분, 심기
- □ ご機嫌(きげん)が斜(なな)めだ 기분이 상해 있다
- □ こちら 이쪽(정중한 말)
- □ ～へ ~(으)로
- □ ご飯(はん) 밥
- □ 注文(ちゅうもん) 주문
- □ 繰(く)り返(かえ)す 반복하다
- □ 鯖定食(さばていしょく) 고등어정식
- □ いつも 늘, 항상
- □ 利用(りよう) 이용
- □ いたす 하다(する의 겸양어)

70 お/ご～する (내가 ~하다(겸양 표현))

私の必殺技をお見せします。

제 필살기를 보여 드리겠습니다.

 주인공이 스승에게 강력한 필살기를 보여 주는 장면에서 쓰이는 대사입니다. 자신의 행동을 낮추어 말함으로써 상대에 대한 존경과 예의를 담은 표현으로 '겸양어'라고 불려요! 일상생활에서는 직원이 고객에게 말할 때 자주 사용돼요. 자주 들을 수 있는 표현이라 기억해 두면 좋아요. 참고로, 「する」와 같은 의미지만 더 격식 있는 말로 「いたす」가 있어요. 「お見(み)せいたします」가 되면 집사가 말하는 것처럼 더 공손하고 격식있게 말할 수 있습니다. 실제로는 비즈니스 상황에서 자주 써요.

애니 속 그 말, 이렇게 만든다!

동사
훈독으로 읽는 경우

持つ → お持ちする
가지다, 들다 / (내가) 가져다 드리다, 들어 드리다

待たせる → お待たせする
기다리게 하다 / (내가) 기다리게 하다

邪魔する → お邪魔する
방해하다 ※예외(음독 동사) / (내가) 실례하다

> お + 동사 ます형 + する!

한자어 + する
음독으로 읽는 경우

連絡する → ご連絡する
연락하다 / (내가) 연락해 드리다

案内する → ご案内する
안내하다 / (내가) 안내해 드리다

> ご + 음독 한자 부분 + する

주의!
동사 중 「○○する」에 해당되는 동사에만 사용할 수 있습니다.
다만 예외가 많으므로, 형태로 기억하는 것을 추천합니다. 또한 실제로는 말할 일보다는 듣는 일이 많으므로, 자연스럽게 바로 이해하는 것이 중요합니다. 규칙을 외우기보다는 표현에 익숙해지는 것을 우선시하세요!

현실에선 이렇게 말한다!

お / ご〜する

내가 〜하다 (겸양 표현)

동사

メニュー、ただいまお持ちいたします。
메뉴판 지금 바로 가져다 드리겠습니다.

POINT!
「する」는 겸양어로 「いたす」라고 해요!

お待たせいたしました。こちらからあげ定食になります。
오래 기다리셨습니다. 가라아게 정식 나왔습니다.

POINT!
「〜になります」는 직원들이 정중하게 안내할 때 자주 쓰는 말투예요. 사실 문법적으로는 안 맞지만, 실제로는 「です」 대신 자주 사용돼요.

めっちゃいいところ住んでますね。お邪魔します。
(남의 집에 들어가며) 엄청 좋은 곳에 사시네요. 실례하겠습니다.

POINT!
「お邪魔(じゃま)します」는 원래 '방해하다'라는 뜻의 邪魔(じゃま)에서 온 표현으로, 상대방의 공간에 들어가는 것을 조심스러워하는 겸손한 마음이 담겨 있어요.

한자어 + する

こちらの番号に改めてご連絡いたします。
이 번호로 다시 연락드리겠습니다.

POINT!
'다시'라는 표현으로 「また」가 있지만 「改(あらた)めて」를 쓰면 더 공손하게 들려요.

ご案内いたします。あちら奥の席へどうぞ。
안내해 드리겠습니다. 저쪽 안쪽 자리에 앉아 주세요.

POINT!
'안쪽'을 「奥(おく)」라고 하는데 정말 자주 쓰이는 표현이니 꼭 기억해 주세요!

 **단어 Check!**

- ☐ 必殺技(ひっさつわざ) 필살기
- ☐ 〜になります 입니다(직원 말투)
- ☐ あちら 저쪽
- ☐ 見(み)せる 보이다, 나타내다
- ☐ 番号(ばんごう) 번호
- ☐ 奥(おく) 안쪽
- ☐ ただいま 지금 바로
- ☐ 改(あらた)めて 다시
- ☐ 席(せき) 자리

71 〜(ら)れる (~하시다(존경 표현))

これが師匠(ししょう)の使(つか)われる技(わざ)。

이것이 스승님이 사용하시는 기술.

주인공이 스승의 기술을 보고 감탄하는 장면에서 쓰이는 대사입니다. 「〜(ら)れる」는 기본적으로 수동형이지만, 문맥에 따라 존경(~하시다)의 뜻으로도 사용돼요. 짧게 높임말을 만들 수 있는 표현이라 일상생활에서 자주 쓰이니 꼭 마스터하길 바라요. 접속 방법은 수동형(55번) 때와 동일해요!

애니 속 그 말, 이렇게 만든다!

3그룹
する와 来る 단 2개

する → される
하다   하시다

来(く)る → 来(こ)られる
오다   오시다

통째로 외우기!

2그룹
끝이 る이고 る 앞 글자가 い단/え단

見(み)る → 見(み)られる
보다   보시다

끝 글자 る를 빼고 られる 붙이기!

1그룹
3그룹도 2그룹도 아닌 동사

飲(の)む → 飲(の)まれる
마시다   드시다

行(い)く → 行(い)かれる
가다   가시다

끝 글자를 あ단으로 바꾸고 れる 붙이기!

현실에선 이렇게 말한다!

~(ら)れる ~하시다 (존경 표현)

3그룹
お仕事はどんなことをされているんですか？
직장에서는 어떤 일을 하고 계세요?

POINT!
주로 질문에 자주 쓰이는 표현이니, 궁금해하는 뉘앙스를 더하는 「~んですか」와 같이 사용해 주면 좋아요! 초면인 경우에 어떤 질문을 할 수 있는지 예시를 뽑아 봤어요!

今日は電車で来られたんですか？
오늘은 전철로 오셨어요?

2그룹
担当者の方からメール来てたんですけど、もう見られましたか？
담당자분께 메일이 왔던데, 이미 보셨나요?

POINT!
「見(み)られる」(보시다)의 더 격식 있는 말로 「ご覧(らん)になる」(보시다)도 있어요. 예를 들어 평소에 경어로 말해야 할 때는 「見(み)られる」를 쓰고, 거래처 사람한테 쓴다면 「ご覧(らん)になりましたか」(보셨어요?)라고 하면 돼요!

1그룹
お酒はどんなのを飲まれるんですか？
술은 어떤 걸 드시나요?

POINT!
한국에서는 일본술을 '사케'라고 부르지만 '술' 자체를 가리킬 때에는 보통 「お」까지 붙여서 「お酒(さけ)」라고 말하는 게 일반적입니다. 일본술을 지칭할 때 일본에서는 「日本酒(にほんしゅ)」라고 별도의 단어로 말하니 사용할 때 주의하세요!

カフェとか、よく行かれますか？
카페 같은 데 자주 가세요?

POINT!
「~とか」는 무언가를 예시처럼 가볍게 말할 때 자주 써요. 단정 짓지 않고 말하는 걸 선호하는 일본어 특유의 말투가 담겨 있어서 '카페 같은 데'와 같은 뉘앙스로 말끝을 부드럽게 처리할 수 있어요.

 단어 Check!

- ☐ 技(わざ) 기술, 재주
- ☐ お仕事(しごと) 일(정중하게 물어볼 때 사용)
- ☐ どんな 어떤
- ☐ 電車(でんしゃ) 전철
- ☐ ~で ~로(수단)
- ☐ 担当者(たんとうしゃ) 담당자
- ☐ 方(かた) 분
- ☐ の 것(こと 대신 사용)
- ☐ よく 자주

～させていただく (제가 ~하다 / 겸양 표현)

その技、使わせていただきます！

> 그 기술, 제가 사용하겠습니다!

 주인공이 스승에게 배운 기술을 사용하는 장면에서 쓰이는 대사입니다. 상대의 허락을 받아서 한다는 겸손한 뉘앙스가 강해 비즈니스 및 공적인 자리에서 많이 사용돼요. 원어민도 깊게 의식하지 않고 정해진 표현처럼 사용하는 경우가 많으니 너무 어렵게 생각하지 말고 그냥 '하다'라고 생각해도 돼요!

 애니 속 그 말, 이렇게 만든다!

3그룹
する와 来る 단 2개

早退する → 早退させていただく
조퇴하다   (제가) 조퇴하다

検討する → 検討させていただく
검토하다   (제가) 검토하다

変更する → 変更させていただく
변경하다   (제가) 변경하다

> する를 させていただく로 바꾸기!

2그룹
끝이 る이고 る 앞 글자가 い단/え단

進める → 進めさせていただく
진행하다   (제가) 진행하다

> る를 させていただく로 바꾸기!

1그룹
3그룹도 2그룹도 아닌 동사

使う → 使わせていただく
사용하다   (제가) 사용하다
※う로 끝날 경우에는 わ로 바뀌는 점에 주의하세요!

> 끝 글자를 あ단으로 바꾸고 させていただく 붙이기!

현실에선 이렇게 말한다!

~させていただく

제가 ~하다 / 겸양 표현

3그룹

本日<ruby>体調<rt>ほんじつたいちょう</rt></ruby>が<ruby>優<rt>すぐ</rt></ruby>れないため、<ruby>早退<rt>そうたい</rt></ruby>させていただきます。 오늘 몸이 안 좋아서 조퇴하겠습니다.

POINT!
'오늘'이라는 표현은 비즈니스 일본어에서는「今日(きょう)」대신「本日(ほんじつ)」라고 해요.

<ruby>社内<rt>しゃない</rt></ruby>で<ruby>検討<rt>けんとう</rt></ruby>させていただきます。
<ruby>引<rt>ひ</rt></ruby>き<ruby>続<rt>つづ</rt></ruby>きよろしくお<ruby>願<rt>ねが</rt></ruby>いいたします。
사내에서 검토하겠습니다. 계속해서 잘 부탁드립니다.

POINT!
일본에서는 이메일이나 메시지를 마무리할 때 한국처럼 '감사합니다'를 쓰지 않고 대신「よろしくお願(ねが)いいたします」로 끝내는 경우가 많아요. 그중에서도「引(ひ)き続(つづ)きよろしくお願(ねが)いいたします」는 관계나 업무가 이어질 때 자주 쓰이는 표현이니 함께 기억해 두면 좋아요!

この<ruby>動画<rt>どうが</rt></ruby>では、<ruby>三<rt>みっ</rt></ruby>つのポイントをご<ruby>紹介<rt>しょうかい</rt></ruby>させていただきます。 이 영상에서는 세 가지 포인트를 소개하겠습니다.

POINT!
겸양 표현인「お/ご + 동사 ます형 + する」와 같이 쓰는 경우도 많아요. 이 표현은 격식을 갖춘 말투로 뉴스, 회사 공지, 유튜브 등 공적인 콘텐츠에서 자주 들을 수 있고, 직장인이라면 메일이나 발표, 보고에서도 일상적으로 접하게 되는 표현입니다.

2그룹

この<ruby>内容<rt>ないよう</rt></ruby>で<ruby>進<rt>すす</rt></ruby>めさせていただきます。
이 내용으로 진행하겠습니다.

2그룹

お<ruby>取引<rt>とりひき</rt></ruby>ありがとうございます。<ruby>大切<rt>たいせつ</rt></ruby>に<ruby>使<rt>つか</rt></ruby>わせていただきます。 거래 감사합니다. 소중히 사용하겠습니다.

 **단어 Check!**

- □ 技(わざ) 기술
- □ 体調(たいちょう)が優(すぐ)れない 몸 상태가 좋지 않다
- □ 社内(しゃない) 사내
- □ 引(ひ)き続(つづ)き 계속해서
- □ 動画(どうが) 영상
- □ 内容(ないよう) 내용
- □ 取引(とりひき) 거래
- □ 大切(たいせつ)だ 소중하다, 중요하다

My story

커피가 나의 필살기

칭찬만큼 강력한 동기 부여는 없는 것 같아요.

여러분 혹시, 외국어를 할 때 칭찬받는 가장 강력한 요소는 무엇인지 아시나요?

==언어적인 필살기…==

==그건 바로 '발음'과 '억양'이에요.==

그중에서도 특히 한국 사람인 티가 확 나는 것, 그것은 바로 '장음'입니다!!

==그래서 저는 장음 마스터가 되는 것을 강력 추천해요.==

예를 들어, コーヒー(커피)

'커피'라는 일본어를 제대로 발음할 수 있는 초보자는 정말 드물어요. 아니, 중급자 이상도 제대로 발음하지 못해요.

그 이유는 장음을 너무 짧게 발음하기 때문이에요.

그러니 지금부터 장음을 보면 의식해서 길~~~~~게 발음해 보세요.

"코~~~~~히~~~~~~"

이렇게요.

그러면 어느새 장음 마스터가 되어 있을 거예요.

제 13화

꾸준함의 보석을 찾아서
시간의 흐름 관련 표현

| 73 | 守り続ける難しさ―
계속 지켜 내는 일의 어려움−

| 74 | 勝利を噛み締めながら。
승리를 곱씹으며.

| 75 | 紡いできた絆の力。
쌓아 온 인연의 힘.

| 76 | 繋がっていく運命。
이어져 가는 운명.

| 77 | 今終わったところだ。
지금 막 끝난 참이야.

| My story |
느리더라도 꾸준히 걸어가는 사람이 되세요

73 ~続(つづ)ける (계속 ~하다)

守(まも)り続(つづ)ける難(むずか)しさ —

계속 지켜 내는 일의 어려움 —

주인공이 동료를 지키는 어려움을 실감하는 장면에서 쓰이는 대사입니다. 동작을 멈추지 않고 계속 이어 간다는 의미로, 포기하지 않고 꾸준히 하는 것, 끊임없이 이어지는 행동을 나타낼 때 자주 사용돼요. 꾸준함이나 인내를 강조한다고 기억해 주세요!

 애니 속 그 말, 이렇게 만든다!

3그룹
する와 来る
단 2개

勉強(べんきょう)する → 勉強(べんきょう)し続(つづ)ける
공부하다   계속 공부하다

통째로 외우기!

2그룹
끝이 る이고
る 앞 글자가
い단/え단

信(しん)じる → 信(しん)じ続(つづ)ける
믿다   계속 믿다

愛(あい)される → 愛(あい)され続(つづ)ける
사랑받다   계속 사랑받다

る를 続(つづ)ける로 바꾸기!

1그룹
3그룹도
2그룹도
아닌 동사

遊(あそ)ぶ → 遊(あそ)び続(つづ)ける
놀다   계속 놀다

話(はな)す → 話(はな)し続(つづ)ける
말하다   계속 말하다

끝 글자를 ます형으로 바꾸고 + 続(つづ)ける 붙이기!

현실에선 이렇게 말한다!

~続ける

계속 ~하다

(3그룹) 勉強(べんきょう)し続(つづ)けるのって、やっぱり大変(たいへん)ですか？
공부를 계속하는 건 역시 힘든가요?

(2그룹) 自分(じぶん)のことを信(しん)じ続(つづ)けることが一番大事(いちばんだいじ)だと思(おも)います。
자신을 계속 믿는 것이 가장 중요하다고 생각해요.

この映画(えいが)は多(おお)くの人(ひと)から長(なが)い間(あいだ)愛(あい)され続(つづ)けています。
이 영화는 많은 사람들에게 오랫동안 계속 사랑받고 있어요.

POINT!
'많은 사람'은 일본어로 「多(おお)い人(ひと)」가 아닌 「多(おお)くの人(ひと)」라고 하는데 틀리기 쉬운 표현이니 주의하세요!

(1그룹) このゲームは無限(むげん)に遊(あそ)び続(つづ)けられるから、全然飽(ぜんぜんあ)きないよ。
이 게임은 무한히 계속 할 수 있어서 전혀 질리지 않아.

今日(きょう)は朝(あさ)からずっと話(はな)し続(つづ)けてて、もう喉(のど)が限界(げんかい)です。
오늘은 아침부터 계속 말해서 이제 목이 한계예요.

단어 Check!

- 守(まも)る 지키다
- ~って ~은/는
- 多(おお)くの~ 많은~
- 飽(あ)きる 질리다
- 続(つづ)ける 계속하다
- やっぱり 역시
- 無限(むげん)に 무한히
- 喉(のど) 목, 목구멍
- 難(むずか)しさ 어려움
- 大事(だいじ)だ 중요하다
- 全然(ぜんぜん) 전혀
- 限界(げんかい) 한계

74 〜ながら (~하면서)

勝利を噛み締めながら。
(しょうりをかみしめながら)

> 승리를 곱씹으며.

전투에서 승리한 주인공이 감정을 곱씹으며 걸어가는 장면에서 쓰이는 대사입니다. 두 가지 동작을 동시에 수행할 때 사용하며 감정, 행동, 판단을 함께 표현하는 데 자주 쓰여요.

애니 속 그 말, 이렇게 만든다!

3그룹 (する와 来る 단 2개)

ストレッチする → ストレッチしながら
스트레칭하다 / 스트레칭하면서

> 통째로 외우기!

2그룹 (끝이 る이고 る 앞 글자가 い단/え단)

見る → 見ながら
보다 / 보면서

寝る → 寝ながら
자다 / 눕다 / 자면서 / 누워서

> る를 ながら로 바꾸기!

1그룹 (3그룹도 2그룹도 아닌 동사)

歌う → 歌いながら
노래를 부르다 / 노래를 부르면서

歩く → 歩きながら
걷다 / 걸으면서

> 끝 글자를 い단으로 바꾸고 ながら 붙이기!

현실에선 이렇게 말한다!

3그룹

寝る前はストレッチしながらゆっくり過ごしています。
자기 전에는 스트레칭하면서 느긋하게 시간을 보내고 있어요.

2그룹

いつもYouTube見ながら、メイクをしています。
항상 유튜브 보면서 메이크업을 해요.

POINT!
「ユーチューブ」는 장음(ー)을 길게 발음하는 연습을 하면 좋아요!

寝ながらアニメを見るのが、一番の癒しです。
누워서 애니메이션을 보는 게 제일 힐링이에요.

POINT!
「寝(ね)る」는 기본적으로 '자다'라는 의미지만, 상황에 따라 '눕다'라는 의미로도 해석할 때가 있어요!

1그룹

鼻歌を歌いながら掃除をすると、意外に捗ります。
콧노래를 부르면서 청소를 하면 의외로 진도가 잘 나가요.

歩きながらスマホをいじることを、歩きスマホといいます。
걸으면서 스마트폰을 하는 것을 '아루키 스마호'라고 해요.

POINT!
「いじる」는 스마트폰이나 머리카락 등을 손으로 '만지작거리다, 만지다'라는 뜻이에요. 스마트폰 조작처럼 일상적인 행동에 자주 쓰이니 기억해 두세요!

 **단어 Check!**

- 勝利(しょうり) 승리
- ゆっくり 천천히
- 癒(いや)し 힐링
- 捗(はかど)る 진도가 잘 나가다
- 噛(か)み締(し)める 음미하다, 꽉 깨물다
- 過(す)ごす 지내다, 보내다
- 鼻歌(はなうた) 콧노래
- スマホ 스마트폰
- ストレッチする 스트레칭하다
- メイクする 화장하다
- 意外(いがい)に 의외로
- いじる (기계 등을) 만지다

〜ながら
〜하면서

75 〜てくる (~해 오다, ~하기 시작하다)

紡(つむ)いできた絆(きずな)の力(ちから)。

쌓아 온 인연의 힘.

주인공이 지금까지의 여정을 되돌아보는 장면에서 나오는 대사입니다. 과거부터 지금까지의 지속적인 변화나 누적된 경험을 표현할 때 자주 사용돼요. 또한 '변화가 발생해서 지금 다가오는 느낌'이 있어 '(갑자기/점점) ~하기 시작하다'라는 뜻도 있으니 문맥에 따라 이해하는 연습이 필요해요!

애니 속 그 말, 이렇게 만든다!

~해 오다

積(つ)み上(あ)げる → 積(つ)み上(あ)げてくる
쌓다 → 쌓아 오다

増(ふ)える → 増(ふ)えてくる
늘어나다 → 점점 늘어나다

頑張(がんば)る → 頑張(がんば)ってくる
힘내다, 노력하다 → 노력해 오다

~하기 시작하다

雨(あめ)が降(ふ)る → 雨(あめ)が降(ふ)ってくる
비가 오다 → 비가 오기 시작하다

寒(さむ)くなる → 寒(さむ)くなってくる
추워지다 → 추워지기 시작하다

て형으로 바꾸고 + くる 붙이기!

현실에선 이렇게 말한다!

~해 오다

今まで積み上げてきたことは、絶対裏切らないと信じてます。

지금까지 쌓아 온 것은 절대 배신하지 않는다고 믿고 있어요.

POINT!
'~해 오다'의 뜻으로 사용될 때 「今(いま)まで」(지금까지)와 함께 사용하는 경향이 있어요!

最近退職代行サービスを使う人が増えてきました。

요즘 퇴사 대행 서비스를 이용하는 사람이 점점 늘고 있어요.

POINT!
「増(ふ)える」(늘어나다)/「減(へ)る」(감소하다)처럼 변화를 나타내는 단어와 쓰일 때가 많은데 이 때는 '점점 변화하고 있다'라는 뉘앙스로 해석하면 자연스러워요!

今までずっと頑張ってきた甲斐がありました。

지금까지 계속 열심히 해 온 보람이 있었어요.

~하기 시작하다

雨降ってきたから、傘持っていったほうがいいよ。

비 오기 시작했으니까 우산 챙겨 가는 게 좋을 거야.

最近朝晩寒くなってきたよね。カーディガン持ってきた(笑)。

요즘 아침저녁으로 쌀쌀해졌지? 가디건 챙겨 왔어ㅎㅎ

POINT!
'아침저녁'은 일본어로 「朝晩(あさばん)」이라고 해요. 직역하면 '아침과 밤'! 이런 작은 차이를 기억해 두면, 더 자연스럽게 표현할 수 있어요!

 **단어 Check!**

- □ 紡(つむ)ぐ 실을 뽑다
- □ 裏切(うらぎ)る 배신하다
- □ 代行(だいこう)サービス 대행 서비스
- □ 傘(かさ) 우산
- □ 絆(きずな) 인연
- □ 甲斐(かい)がある 보람이 있다
- □ 使(つか)う 사용하다
- □ 朝晩(あさばん) 아침저녁
- □ 力(ちから) 힘
- □ 退職(たいしょく) 퇴직
- □ 増(ふ)える 늘다
- □ カーディガン 가디건

76 〜ていく (〜해 가다)

繋(つな)がっ**ていく**運命(うんめい)。

이어져 가는 운명.

운명이 앞으로도 계속 이어질 것임을 나타내는 장면에서 쓰이는 대사입니다. 지금 이 순간 이후의 변화나 진행, 앞으로 계속되는 움직임을 표현할 때 자주 사용돼요. 「〜てくる」가 과거부터 현재까지의 흐름이라면, 「〜ていく」는 현재부터 미래로 향하는 흐름을 나타낸다고 기억해 주세요!

애니 속 그 말, 이렇게 만든다!

동사

大事(だいじ)にする → 大事(だいじ)にしていく
소중히 하다 → 소중히해 가다

落(お)ちる → 落(お)ちていく
떨어지다 → 떨어져 가다

慣(な)れる → 慣(な)れていく
익숙해지다 → 익숙해져 가다

減(へ)る → 減(へ)っていく
줄어들다 ※예외 1그룹 동사 → 줄어들어 가다

やる → やっていく
하다 → 해 나가다

て형으로 바꾸고 +いく 붙이기!

현실에선 이렇게 말한다!

~ていく / ~해 가다

[동사]

これからもこの関係(かんけい)を大事(だいじ)にしていきたいなって思(おも)います。

앞으로도 이 관계를 소중히 하고 싶다고 생각해요.

POINT!
문장 끝에 「な」를 붙이면 자신의 속마음을 솔직하게 표현하는 뉘앙스가 생겨요. 특히 혼잣말할 때 자주 쓰이며, 예시처럼 「~と思(おも)う」와 함께 쓰여도 자연스럽게 감정을 담을 수 있어요!

年(とし)を取(と)るにつれて、体力(たいりょく)が落(お)ちていくのを実感(じっかん)します。 나이를 먹을수록 체력이 점점 떨어지는 걸 실감해요.

POINT!
「~につれて」는 '~함에 따라서'라는 뜻으로 앞에 변화를 나타내는 표현을 넣어서 사용해요! 어떤 변화에 따라서 다른 변화도 함께 일어난다는 뜻으로 이해하면 좋아요!

少(すこ)しずつ慣(な)れていけば大丈夫(だいじょうぶ)！

조금씩 익숙해지면 돼!

若者(わかもの)の人口(じんこう)がだんだん減(へ)っていくと言(い)われています。 젊은 인구가 점점 줄어들고 있다고 해요.

POINT!
「~ていく」는 「減(へ)る」(감소하다) 또는 「増(ふ)える」(증가하다)라는 단어와 함께 사용할 때가 많아요!

無理(むり)せず自分(じぶん)のペースでやっていこう！

무리하지 말고 자기 페이스대로 해 나가자!

POINT!
'하다'라는 의미의 단어로는 「する」가 있지만, 회화에서는 「やる」를 더 자주 사용해요! 조금 더 캐주얼하고 힘 있는 뉘앙스를 줄 수 있어요.

단어 Check!

- □ 繋(つな)がる 이어지다, 연결되다
- □ 運命(うんめい) 운명
- □ 関係(かんけい) 관계
- □ 年(とし)を取(と)る 나이를 먹다
- □ ~につれて ~에 따라
- □ 体力(たいりょく) 체력
- □ 実感(じっかん)する 실감하다
- □ 若者(わかもの) 젊은 사람
- □ 人口(じんこう) 인구
- □ だんだん 점점
- □ 無理(むり)する 무리하다
- □ ペース 속도(pace)

77 〜ところだ (막 ~하려는 참이다, 막 ~하는 중이다, 막 ~한 참이다)

今_{いま}終_おわった**ところだ**。

지금 막 끝난 참이야.

주인공이 모험을 끝낸 것을 보고하는 장면에서 쓰이는 대사입니다. 「ところ」는 장소를 나타내는 표현인데 시간적 뜻으로 확장해 지금 어떤 시점에 있는지를 표현할 때 사용해요! 접속하는 시제에 따라서 조금씩 뜻이 달라지니 주의하세요! 그리고 회화에서는 줄여서 「とこ」라고도 해요.

애니 속 그 말, 이렇게 만든다!

직전

出_でる → 出_でるところだ
나가다   막 나가려는 참이다

降_おりる → 降_おりるところだ
내리다   막 내리려는 참이다

> 뒤에 + ところだ 붙이기!

진행

食_たべる → 食_たべているところだ
먹다   막 먹고 있는 중이다

> て형으로 바꾸고 + いる + ところだ 붙이기!

과거

着_つく → 着_ついたところだ
도착하다   막 도착한 참이다

終_おわる → 終_おわったところだ
끝나다   막 끝난 참이다

> た형으로 바꾸고 + ところだ 붙이기!

현실에선 이렇게 말한다!

직전

ごめんー！今出るとこ…ダッシュする！
미안~! 지금 막 나가려는 참이야… 얼른 달려갈게!

今電車降りるとこなんだけど、どこらへんいる？
지금 전철 내리려는 참인데, 너 어디쯤 있어?

진행

A: 今何してるー？
B: 今ちょうどご飯食べてるところ！どうしたー？
A : 지금 뭐 해~? / B : 지금 막 밥 먹고 있는 중이야! 무슨 일이야~?

POINT!
메시지 특유의 딱딱함을 방지하지 위해 마지막에 줄표(ー)를 자주 사용해요.

과거

A: ごめん、待った？
B: いえ全然！僕もさっき着いたところです。
A : 미안, 많이 기다렸지? / B : 아니 전혀요! 저도 좀 전에 막 도착했어요.

POINT!
「さっき着(つ)いたところ」는 정해진 답변처럼 통째로 외워 두면 좋아요. '방금 전'을 강조한 「今(いま)さっき」라는 표현도 함께 기억해 두세요!

今ちょうど仕事終わったとこ！すぐ向かうね！
지금 막 일 끝났어! 금방 갈게!

POINT!
친구를 만나러 이동할 때나 회사나 시험장 등으로 갈 때 「行(い)く」 대신 「向(む)かう」를 쓰면 좀 더 원어민스러운 표현이 돼요! 다만 「向(む)かう」는 목표를 향해서 간다는 뉘앙스가 강조되는 표현이라, 친구랑 카페에 가는 등 가벼운 이동에는 쓰지 않는 게 자연스러워요.

 **단어 Check!**

☐ 終(お)わる 끝나다, 마치다　　☐ ダッシュする 얼른 달려가다(dash)　　☐ どこらへん 어디쯤
☐ いる (사람, 동물이) 있다　　☐ 待(ま)つ 기다리다　　☐ 全然(ぜんぜん) 전혀
☐ さっき 아까　　☐ ちょうど 딱, 마침　　☐ 向(む)かう 향하다

~ところだ

막~하려는 참이다, 막~하는 중이다, 막~한 참이다

My story

느리더라도 꾸준히 걸어가는 사람이 되세요

등산을 하면 꼭대기에 올라간 사람만이 볼 수 있는 풍경이 있죠?

언어도 마찬가지라고 생각해요.
각 단계에서 보이는 풍경들이 있어요.

등산 중간에 너무 힘든 구간이 있듯이
내 언어 실력이 부족해 울면서 가야 하는 구간이 꼭 있더라고요.

그렇지만 그 구간을 참고 나아가면
목표 지점에 도달하게 됩니다.

제가 한국어를 꾸준히 공부하며 든 생각은
힘들 때 포기를 안 해서 다행이라는 거예요.

정말 한국어를 보기 싫을 때도 있었고, 힘들 때도 많았지만
그래도 조금씩 내 한국어를 갈고 닦는 노력을 했어요.

그 덕분에 지금 이렇게 책까지 쓸 수 있게 됐어요.

==중요한 건, 올라가면 예쁜 풍경이 내 앞에 펼쳐진다고 믿고
느리더라도 발걸음을 멈추지 않는 것.==

빠르게 갈 필요 없어요.

거북이 전략으로 천천히, 확실하게 나아가요.

당신이라면 꼭 일본어 마스터할 수 있어요.

주문(=문형) 찾아보기

あ
あげる 주다		094

お
お〜 미화어		178
お〜する 제가 〜하다(겸양)		182
〜おかげ 〜덕분		102

か
かどうか 〜인지 아닌지		124
かもしれない 〜일지도 모른다		090
から 〜니까, 〜라서		030

く
〜くなる 〜해지다		152
くれる 주다		094

こ
ご〜 미화어		180
〜ことができる 〜할 수 있다		156
〜ことにする 〜하기로 하다		046

さ
〜させていただく 제가 〜하다(겸양)		186
〜させられる 시키게 당하다		148
〜させる 시키다		144

し
〜しか〜ない 〜할 수밖에 없다		154
〜しろ 〜해 (명령형)		138

す
〜すぎる 지나치게 〜하다		054

せ
〜せい 〜탓		104

そ
〜そうだ 〜라고 한다 (전달)		080
〜そうだ 〜해 보인다 (추측)		084

た
〜たあとで 〜한 후에		068
〜たい 〜하고 싶다		024
〜たことある 〜한 적 있다		128
〜たほうがいい 〜하는 게 좋다		132
〜ために 〜하기 위해서		028
〜たら (만약)〜하면, 〜라면		164
〜たり〜たりする 〜하거나 〜하거나 하다		070

ち
〜ちゃう 〜해 버리다 (회화체)		058

つ
〜続(つづ)ける 계속 〜하다		190
〜つもりだ 〜할 생각이다		038

て
〜てあげる (남을 위해)〜해 주다		096
〜てある 〜되어 있다		076
〜ていく 〜해 가다		196
〜ている 〜하고 있다		074
〜ておく 〜해 두다		072
〜てから 〜하고 나서		066
〜てくる 〜해 오다		194
〜てくれる (나를 위해)〜해 주다		098
〜てください 〜해 주세요		172

일본어	뜻	페이지
~てしまう	~해 버리다	056
~てほしい	~했으면 한다	126
~てみる	~해 보다	050
~てもいい	~해도 된다	130
~てもらう	~해 주다	100

と
~と	~하면, ~하자, ~하니	168
~と思(おも)う	~라고 생각한다	088
~ところだ	막 ~한 참이다	198

な
~な	~하지 마	140
~ないでください	~하지 마세요	174
~ないといけない	~해야 한다	110
~ないほうがいい	~안 하는 게 좋다	134
~なければならない	~해야 한다	108
~なくちゃ	~해야 해 (회화체)	112
~なきゃ	~해야 해 (더 회화체)	114
~なさい	~하세요, ~해라	142
~なら	~하면 (조건)	170
~ながら	~하면서	192

に
~にくい	~하기 어렵다	062
~にする	~로 하다	026
~になる	~해지다	152

の
~ので	~니까, ~라서	032

は
~始(はじ)める	~하기 시작하다	052

ま
~前(まえ)に	~하기 전에	036
~ます	~하겠습니다	022

み
~みたいだ	~인 것 같다	086

も
もらう	받다	094

や
~やすい	~하기 쉽다	060

よ
~よう	~하자, ~해야지	042
~ようだ	~인 것 같다	086
~ようと思う	~할 생각이다	044
~ようになる	~하게 되다	160
~予定(よてい)だ	~할 예정이다	040

ら
~らしい	~대, ~래	082
~られる	~당하다 (수동)	146
~られる	~할 수 있다 (가능)	158
~られる	~하시다 (존경)	184

ば
~ば	~하면	166

ん
~んです	~거든요	118
~んですか	~인 거예요?	116
~んですけど	~인데요	120

애니만 봤더니
일본어를
잘하게 된 건에 대하여

센님(정세영) 지음 | 256쪽 | 18,500원

28만 유튜브 크리에이터 센님의 일본어 덕질 성공기!

각 잡고 진지하게 공부하지 않아도,
내가 좋아하는 덕질만으로도 '센님만큼' 일본어 할 수 있다!

대상 일본어 공부에 동기부여가 필요한 학습자.
일본어를 꾸준히 즐길 수 있는 팁을 얻고 싶은 학습자.

목표 일본어를 재밌게 배우는 방법, 일본어를 지속적으로 즐길 수 있는 힌트 얻기

일본어 무작정 따라하기
완전판

특별 부록
- 음성 강의
- 예문 mp3 파일
- 훈련용 소책자 PDF
- 학습 스케줄 PDF

후지이 아사리 지음 | 660쪽 | 26,000원

듣기만 해도 말이 나오는 소리 패턴 학습법!

히라가나를 몰라도, 문법을 외우지 않아도, 무작정 따라 하면 말문이 트인다!
60만 독자들이 인정한 최고의 일본어 전문가, 후지이 선생님의 노하우를 모두 모았다!

| 난이도 | 첫걸음 | 초급 | 중급 | 고급 | 기간 | 71일 |

대상 일본어를 처음 배우거나 다시 시작하려고 하는 초급 독자

목표 일본어 기초를 탄탄하게 다지기
일본어 기초 표현을 자유자재로 듣고 말하기